(Par l'abbé C.-F. Muller.)

# ESPRIT DES ADRESSES

## DES DÉPARTEMENS,

## AVEC LES RÉPONSES DU ROI,

Et avec le Mandement de Son Em. Mgr. le Cardinal Archevêque de Paris ;

OU

# CRI GÉNÉRAL

A L'OCCASION DU FATAL ÉVÉNEMENT DU 13 FÉVRIER,

SUR

L'urgente nécessité d'arrêter le cours du torrent dévastateur des Doctrines pestilentielles et des Écrits irréligieux qui inondent la France, avec le moyen d'en paralyser les effets et d'en réparer les désastres ;

*Suivi des Discours prononcés en 1820, par MM. Desèze et Ravez, à l'occasion de l'anniversaire du 3 mai.*

# PARIS,

Chez { L'AUTEUR { Grande rue Verte, n⁰. 5.

Cul-de-Sac Saint-Martial, n⁰. 7.

PETIT

DELAUNAY } Libraires, Palais-Royal, Galeries de bois.

Et chez les Marchands de Nouveautés.

1820.

DE L’IMPRIMERIE D’ÉVERAT, RUE DU CADRAN, n°. 16.

# ESPRIT DES ADRESSES

## DES DÉPARTEMENS,

### AVEC LES RÉPONSES DU ROI.

———

*Extrait de l'Adresse de la Chambre des Députés, présentée au Roi le lundi 14 février, 8 heures du soir.*

Sire,

Nous n'essaierons pas de peindre l'horreur que cause à vos fidèles sujets de la Chambre des Députés, l'attentat qu'a enfanté la dernière nuit. Nous venons mêler notre douleur à celle de Votre Majesté. Déjà la consternation, répandue dans toutes les classes du Peuple de cette capitale, s'est jointe à l'indignation publique. En voyant qu'une main parricide a porté la mort dans le sein du Prince que nous pleurons; la France formera le vœu de voir resserrer les liens qui unissent le Peuple Français à votre Auguste Maison, sans laquelle, ni la liberté, ni la paix publique, ne peuvent subsister.

Le caractère du crime, les suites qu'il peut avoir, tout nous porte à penser que Votre Majesté veille au salut de son Peuple, comme nous veillerons à la conservation de sa dynastie, etc.

*Moniteur*, n°. 46, 15 février 1820.

1.

fronts. Citoyens, les Gardes Nationaux abhorrent le crime, armés, ils en défendraient le trône ; leurs bataillons sont consternés du malheur public : ils sont Français ! Le Grand Henri fut aussi victime de ces fureurs qui agitent les forcénés. La Nation vous veut, vous, SIRE, et votre dynastie, comme elle veut le repos ; mais les siècles voient reparaître de ces hommes qui rompent les liens les plus nécessaires aux nations, les liens qui portent le caractère le plus sacré : alors chacun se sent frappé de l'horrible poignard.

Telles sont, SIRE, les atteintes mortelles qui unissent vos fidèles Gardes Nationaux à vos augustes et paternelles douleurs.

Suivent les signatures.

*Moniteur*, n°. 49, 18 février.

---

## *Extrait du Projet d'Adresse de la Chambre des Pairs.*

SIRE,

Vos fidèles et dévoués sujets les Pairs de France, pénétrés tout à-la-fois de douleur pour la perte d'un Prince si justement cher à Votre Majesté, et d'horreur pour l'attentat affreux dont il a été la victime.... détestent, dans le crime qui condamne la France à de si longues douleurs, le fruit des doctrines perverses dont on veut empoisonner l'Europe, et qui, arrivant de l'égarement des esprits à la dépravation des âmes, en sont venues à ce point de consacrer l'impiété, la trahison, l'assassinat et le parricide.

En mêlant leurs larmes à celles de Votre Majesté, ils la conjurent, ils osent la presser d'employer tous les moyens d'exécution qui sont en son pouvoir, et de proposer toutes les mesures législatives que lui inspirera sa sagesse, pour arrêter, hélas! déjà trop tard, le progrès de ce fléau universel qui menace d'une subversion entière la religion et la morale, la monarchie et la liberté, tout ordre public et toute combinaison sociale.

*Moniteur*, n°. 46, mardi 15 février 1820.

## DÉPARTEMENT DE LA SOMME.

### *Adresse de la ville d'Amiens.*

Sire,

Un Fils de France, dans toute la force de l'âge; un Fils de France doué de toutes les vertus qui distinguent ses aïeux, qui distinguent Votre Majesté et toute votre Auguste Famille, vient de succomber sous un fer assassin.

Sire, dans ces déplorables circonstances, votre bonne ville d'Amiens attend, avec une respectueuse confiance, les lois que Votre Majesté croira dans sa sagesse devoir proposer pour garantir le repos de l'avenir.

Signé D'ARGENT, *Maire.* Suivent 30 signatures.

*Moniteur*, n°. 52, 21 février.

# DÉPARTEMENT DE L'EURE.

*Extrait de l'Adresse de la ville de Gisors.*

Sire,

Le sang des Bourbons a coulé ; le trône d'un Bourbon a été un instant menacé ; la révolution lève encore sa tête hideuse, elle pousse des cris de rage et de fureur....

Monseigneur le Duc de Berri, dont le caractère a tant de ressemblance avec celui de Henri IV, devait donc trouver aussi un Ravaillac.. Notre douleur n'eût été modérée que par l'espoir de voir bientôt Son Altesse Royale rétablie de sa blessure, et la France délivrée, par votre sagesse, du monstre révolutionnaire qui s'agite pour la dévorer.

Signé le Maire, l'Adjoint et les Membres du<br>Conseil Municipal, et beaucoup d'habitans.

*Moniteur,* n°. 48, jeudi 17.

---

# DÉPARTEMENT DU CALVADOS.

*Adresse de la ville de Caen.*

Sire,

Loin de se laisser abattre par la douleur, la grande âme de Votre Majesté, après avoir surpassé la bonté de Henri, fera voir toute son énergie.....

Oui, Sire, Votre Majesté fera flétrir et frapper par les lois les doctrines épouvantables, mères d'un aussi horrible fanatisme, et cette main chérie, qui ne s'est encore ouverte que pour épuiser les trésors de la clémence, saura bien enfin montrer sa vigueur, et fermer pour toujours l'abîme des révolutions.

> Signé le Comte de VENDEUVRE, *Maire*, les Adjoints et 22 Membres du Conseil.

Caen, 16 février 1820.

*Moniteur*, n°. 51, 20 février.

## DÉPARTEMENT DE LOIR-ET-CHER.

### *Adresse de la ville de Blois.*

SIRE,

Depuis trente ans, les doctrines révolutionnaires produisent des monstres altérés de votre sang. Au nom des Princes de votre Famille, restes précieux de cet Auguste Sang, au nom de la France consternée et tremblante sur son avenir, arrêtez ce torrent d'écrits impies et séditieux qui verse le poison de la séduction et enfante journellement de nouveaux crimes. Fermez l'abîme des révolutions : Dieu vous inspirera les moyens, et les bénédictions du peuple seront votre récompense....... Que du moins nos enfans n'aient pas à gémir sur de nouveaux forfaits.

> Signé le Maire, les Adjoints et le Conseil Municipal.

17 février 1820.

*Moniteur*, n°. 53, 22 février.

Les Officiers de la Garde nationale de la ville de Blois, supplient le Roi de daigner compter sur leur dévouement à seconder les efforts de Sa Majesté pour comprimer et anéantir cette faction qui, depuis trente ans, conspire contre sa famille, désole notre patrie, et trouble l'Europe...

*Ibid.*

# DÉPARTEMENT DU LOIRET.

## *Adresse du Conseil Municipal de la ville d'Orléans.*

Oui, Sire, un voile funèbre couvre la France entière, elle gémit avec vous et avec votre Auguste Famille de la mort d'un Prince qui, à son dernier soupir, exprimait le noble regret de ne pas mourir pour son Roi et pour son Pays.

Toutefois, Sire, dans le trouble que nous cause une aussi grande infortune, nous avons recueilli ces mémorables paroles de Votre Majesté : *Je suis homme par le cœur, et Roi par devoir.*

Comme homme, Sire, vous entendrez le cri de notre douleur ; comme Roi, vous défendrez le trône et l'autel contre ces doctrines pernicieuses qui tendent à les ébranler en corrompant la morale des Peuples ; vous n'écouterez que la voix d'une sévère justice pour l'éclatante et la complète punition de l'horrible attentat que nous déplorons.

Suivent les signatures.

*Moniteur*, n°. 53, 22 février.

## *Adresse du Tribunal de première instance d'Orléans.*

SIRE,

Effrayé depuis longtemps des principes destructeurs de la religion et de la monarchie, qui se propagent avec une audace effrénée, l'avenir se présente à ses regards sous un aspect que l'attentat que la France déplore en ce moment, rend plus formidable encore. SIRE, nous mettons toutes nos espérances en Votre Majesté : tous les magistrats qui composent le Tribunal, rivaliseront de zèle et de fermeté, et quels que soient les devoirs qui nous soient imposés, chacun dira avec l'accent si pur de la conscience et du dévouement :

*Mon âme est à Dieu et mon cœur est au Roi.*

*Moniteur*, n°. 53, 22 février.

## DÉPARTEMENT D'ILLE-ET-VILAINE.

### *Adresse de la Cour royale de Rennes.*

SIRE,

La France est plongée dans la douleur. Un monstre qu'elle a vu naître lui ravit en un seul jour ses plus chères espérances. SIRE, votre Cour Royale de Rennes, profondément affligée, confond ses larmes avec celles de Votre Majesté. Le peuple recherche avec effroi la cause d'un si horrible attentat. Ah! s'il était vrai de dire qu'une coupable indifférence pour la religion et la morale en paralysât la salutaire influence, que dans les écrits une licence effrénée enhardît au crime, en lui prêtant les couleurs de la vertu, combien n'aurions-nous pas à gémir de cet égarement déplorable et de ses funestes conséquences....

Suivent les signatures.

*Moniteur*, n°. 54, 23 février.

# DÉPARTEMENT DE L'EURE.

## *Adresse des Habitans de la ville de Rugles.*

SIRE ,

Un nouvel attentat contre votre famille met la patrie en deuil , et afflige profondément tous les cœurs vraiment français...

Le crime sera puni , mais le monstre qui l'a commis , périra-t-il de la même manière que le meilleur des Rois et tant de sujets qui lui étaient restés fidèles ? C'est sur quoi prononcera sans doute la juste sévérité de la Législature.

Sire , la stabilité du trône est inséparable de l'affermissement de la religion de l'État. La sagesse de Votre Majesté l'a prévu, et l'audace de ses ennemis en fournit la preuve. Il est temps de détruire le poison que des doctrines impies propagent sous le masque d'une fausse liberté , dont nous avons fait depuis trente ans de si cruelles épreuves.

Suivent les signatures.

*Moniteur*, n°. 54 , 23 février.

# DÉPARTEMENT DE LA GIRONDE.

## *Adresse de la Cour Royale de Bordeaux.*

SIRE ,

Vous l'avez dit , et notre amour et notre confiance dans votre sagesse nous l'avait déjà révélé , vous *êtes appelé par la Providence à fermer l'abîme des révolutions.*

Au nom du sang précieux qui vient de couler , remplissez

votre Auguste mission; faites que la Religion recouvre son influence salutaire, que les lois sages et fortes raffermissent l'ordre social et consolident l'autorité légitime. Dans toutes les mesures que votre amour pour vos peuples et les droits du trône vous suggèreront, comptez sur la fidélité et le dévouement de vos magistrats.

Suivent les signatures.

*Moniteur*, n°. 54 , 23 février.

---

## DÉPARTEMENT DE L'OISE.

*Adresse des Maire, Adjoint, et Conseil Muni-cipal de la ville de Clermont-Oise.*

SIRE,

Un effroyable attentat vient d'être commis !....

Le Sang Royal vient de couler sous le fer d'un exécrable assassin !... Les vrais Français en ressentent une indignation d'autant plus profonde, que cette catastrophe leur dévoile l'affreuse intention d'arrêter la postérité de votre Auguste Maison, et d'anéantir ainsi le germe de toutes leurs espé-rances.

SIRE, que Votre Majesté permette aux soussignés de dé-poser aux pieds du trône, au nom des habitans de Cler-mont-Oise, la douleur profonde dont ils sont pénétrés, et leur espérance dans les mesures que Votre Majesté jugera nécessaire de prendre pour remplir l'attente de la France éplorée, et inquiète sur les conséquences du crime qui fait couler nos larmes.

Suivent les signatures.

*Moniteur*, n°. 54, 23 février.

---

## DÉPARTEMENT DU PUY-DE-DOME.

*Adresse des Habitans de la ville de Clermont-Ferrand.*

SIRE,

Un événement affreux vient de plonger dans la désolation tous vos fidèles sujets ; le même coup qui vous est porté retentit dans leur cœur. Un nouveau Ravaillac a répandu le sang du fils de Henri, et son bras est le bras des régicides. Un appel généreux aux amis du trône et de la Monarchie peut seul la sauver. Avec des ennemis qui montrent à découvert leurs doctrines menaçantes, on ne peut plus dissimuler. Non, le Roi ne meurt point en France ; la Providence semble l'avoir écrit en caractères de sang, sur le front même de ceux qui cherchent à détruire nos espérances !

Quel Français, en partageant votre douleur, n'est pas rempli d'indignation ? Quel est celui qui ne verserait pas son sang pour vous défendre ?

*Moniteur*, n°. 54, 23 février.

# DÉPARTEMENT DE SEINE-ET-OISE.

## *Adresse des Habitans de la ville royale de Saint-Germain-en-Laye.*

SIRE,

Organes de la population entière de cette ville, berceau de Louis XIV, votre Auguste Ancêtre, et qui n'a jamais cessé, même pendant l'usurpation, d'être dévouée à la légitimité, nous osons, Sire, vous supplier de veiller à la conservation de vos précieux jours, et de ceux de votre illustre famille.

Le Maire et les Adjoins, etc.

*Moniteur*, n°. 54, 23 février.

---

# DÉPARTEMENT DE L'YONNE.

## *Adresse de M. le Préfet, et des Membres du Conseil de Préfecture de l'Yonne.*

SIRE,

Le cri unanime d'horreur et d'indignation qui s'est fait entendre dans votre Capitale, a été répété dans nos murs et dans notre département....

Nous rendons grâce au Ciel que l'auteur soit connu, puisse la trame de ce complot, ourdi dans l'ombre, être découverte.

Sans doute de grandes déterminations sont commandées dans l'état actuel des choses, dans l'intérêt de la légitimité et de l'ordre social, éminemment compris.

Suivent les signatures.

*Moniteur*, n°. 55, 24 février.

## DÉPARTEMENT DE LOIR-ET-CHER.

*Adresse des Autorités et Habitans de Vendôme.*

Sire,

Un crêpe funèbre s'est étendu sur notre avenir.

Notre douleur, Sire, ne saurait être égalée que par notre indignation et l'une et l'autre sont à leur comble.....

Nous nous prosternons à vos pieds, Sire, et par tout ce que vous avez de plus cher et de plus sacré, par le bonheur de cette France, qui vous regarde comme un père, nous vous conjurons d'arrêter l'essor de ces effrayantes doctrines, qui s'étendent sur toute l'Europe, qui, brisant tous les liens de la société, menacent la civilisation d'une ruine totale, et qui, préconisées par des factieux sans principes et sans foi, n'en ont pas moins leur fanatisme et leurs Séides.

Nous n'avons cessé d'adorer votre clémence ; mais, Sire, veuillez nous pardonner si, dans des circonstances aussi impérieuses, nous osons rappeler à votre sagesse que *la justice est la bonté des Rois,* que vos fidèles sujets n'ont rien de plus cher que le sang de Henri IV, et que ce sang précieux est peut-être encore prêt à couler sous le fer des Ravaillac de la révolution.

*Moniteur,* nº. 55, 24 février.

---

## DÉPARTEMENT DU RHONE.

*Adresse des Membres du Tribunal de première instance de Lyon.*

Sire,

Au sein du deuil universel dont se couvre la patrie,

c'est aux magistrats chargés de la distribution de votre justice, qu'il doit être plus particulièrement permis de déposer
aux pieds du trône de Votre Majesté le témoignage de leur
affliction et l'hommage de leurs vœux. Le coup fatal qui
enlève à votre tendresse un fils bien-aimé, ravit à la France
ses plus chères espérances.....

Puissent, SIRE, des mesures efficacement répressives
briser pour jamais les poignards des assassins, et préserver
l'avenir d'entreprises non moins funestes, et de malheurs
plus grands encore !

Puissent des institutions fortement monarchiques s'élever
pour défendre un trône trop long-temps battu par les orages,
et veiller au salut de l'Auguste dynastie dont une main parricide a voulu tarir la source ! Puissent des lois sages, répa-
ratrices des maux faits à la religion et à la morale, arrêter
le cours des doctrines perverses enfantées par la révolution,
et que la licence des écrits propage et perpétue ! Tels sont,
Sire, les vœux qui viennent se mêler aux larmes de la
France.

*Moniteur*, n°. 56, 25 février.

---

## DÉPARTEMENT DU RHONE.

### *Adresse de la Cour Royale de Lyon.*

SIRE,

Manifester la profonde douleur de la Cour royale de
Lyon, à la nouvelle du plus exécrable des forfaits, c'est
peindre la consternation où la France entière est plongée,

et l'horreur dont l'a pénétrée la main parricide qui lui ravit un Prince destiné à perpétuer votre dynastie.

Ce tribut d'amour et de sentiment offert par tous les bons Français à l'affliction de Votre Majesté, n'est pas le seul que le magistrat puisse présenter ; un autre lui est réservé dans ce jour de calamité publique, c'est la protestation solennelle de sa constante et sévère fermeté pour l'exécution des lois qui veillent à la sûreté du Monarque, au maintien du trône et de la légitimité, à la destruction des doctrines subversives de ces grandes bases de la gloire et du repos des états. Sire, vous avez annoncé à votre peuple que vous étiez appelé à fermer l abîme des révolution. Le ciel vous en donna le pouvoir, votre sagesse en a prévu les moyens, un événement affreux en prouve la nécessité.

Lyon, 21 février 1820.

*Moniteur*, n°. 56, 25 février.

---

## DÉPARTEMENT DE LA COTE-D'OR.

### *Adresse de la Cour Royale de Dijon.*

Sire,

Vos fidèles sujets ont ressenti d'autant plus profondément le coup funeste par lequel a été brisé votre cœur paternel, que l'État et vôtre Auguste famille semblent menacés de nouveaux attentats, si Votre Majesté ne les prévient par des mesures aussi promptes qu'énergiques.

Et qui pourrait, en effet, douter des projets d'une faction désorganisatrice et parricide, lorsqu'on la voit reproduire chaque jour, avec plus d'audace, des doctrines subversives de la religion, de la souveraineté légitime, et de l'ordre social.

Nous sommes avec le plus profond respect, etc.

Suivent les signatures.

Dijon, 17 février 1820.

*Moniteur*, n°. 56, 25 février.

---

## DÉPARTEMENT DU NORD.

*Adresse de la Cour Royale de Douai.*

SIRE,

Nous le sentons, la douleur, même la plus profonde, doit avoir un terme. Sans doute l'exécrable forfait qui répand le deuil sur la France, laissera dans nos cœurs un trait ineffaçable ; mais le salut de l'État, évidemment menacé par la manifestation des plus désolantes doctrines, exige d'autres sentimens et plus de résolution et de fermeté.

Sire, votre Cour de Douai voudrait, comme celles qui ont le bonheur d'entourer Votre Majesté, vous couvrir aussi du corps de chacun de ses membres, et conserver avec le même soin votre Auguste famille....

Comptez du moins, SIRE,.... que si..... quelque preuve de courage devient nécessaire, nous saurons soutenir l'honneur du nom français, inséparablement uni à celui des Bourbons.

2..

Et comment n'exposerions-nous pas, Sire, jusqu'à notre propre existence, pour la dynastie de nos Rois, lorsque celui de ses membres que nous pleurons, manifesta, quand il vint visiter nos contrées, *qu'entre nous et lui, c'était à la vie et à la mort.*

Nous sommes, etc.

Suivent les signatures.

*Moniteur,* n°. 56, 25 février 1820.

## DÉPARTEMENT DU DOUBS.

### *Adresse de la Cour Royale de Besançon.*

SIRE,

Lorsqu'un Prince, si digne de nos regrets, et qui, à l'exemple de son Dieu, implore en mourant la grâce de son lâche assassin, tombe sous le fer d'un fanatisme politique, la sûreté du trône, celle de l'État, également menacés, réclament du Gouvernement les mesures nécessaires pour prévenir le retour de semblables forfaits. Votre Majesté pensera sans doute qu'il est instant de proscrire ces doctrines dangereuses, journellement dirigées, soit avec audace contre la religion, ce frein le plus sûr des passions humaines, soit avec plus d'adresse contre la dynastie et la légitimité ; doctrines dont les progrès rapides et effrayans tendent à armer les peuples contre les Rois.

Suivent les signatures.

*Moniteur,* n°. 56, 25 février.

# DÉPARTEMENT DE SEINE-ET-OISE.

## Adresse du Corps Municipal de Versailles.

Sire,

Le Corps municipal de votre ville de Versailles vient déposer aux pieds de Votre Majesté l'expression de la douleur profonde que lui cause l'exécrable attentat qui plonge la France dans le deuil. Mais, Sire, ce forfait n'est pas le crime d'un seul, il est le résultat des doctrines sacriléges promulguées tous les jours dans des écrits malheureusement trop répandus.-

Qu'il nous soit permis de le dire au nom de vos fidèles sujets.

Que Votre Majesté déploie toute la plénitude de son autorité, pour arrêter dans leurs cruels projets les ennemis audacieux et constans de la dynastie de Saint Louis, de la religion de nos pères; ces ennemis que la clémence ni les bienfaits ne peuvent désarmer! Le salut de la patrie, l'honneur de votre couronne réclament également les mesures les plus énergiques. Rassurez vos enfans consternés.

Suivent les signatures.

*Moniteur*, n°. 57, 26 février.

---

# DÉPARTEMENT DU LOIRET.

## Adresse des Membres du Tribunal de Commerce de la ville d'Orléans.

Sire,

Ce crime atroce puisse-t-il être le terme des fureurs

que peut seul enfanter l'oubli des principes religieux et sociaux!

Les cruelles alarmes dont il nous pénètrent, ne sont modérées, Sire, que par notre confiance dans les moyens médités dans votre sagesse, qui doivent vous conserver à vos enfans en fixant nos espérances.

Suivent les signatures.

*Moniteur*, n°. 57, 26 février.

---

## DÉPARTEMENT DU CHER.

*Adresse de la ville de Châteauneuf-du-Cher.*

SIRE,

Un sacrilége attentat vient de plonger la France dans le deuil et dans la consternation. Le pur sang de nos Rois recommence à couler sous le poignard parricide du monstre révolutionnaire, et cette fois il s'est promis, dans le noir dessein qui guida sa main régicide, d'en avoir pour toujours tari la noble source.

O forfait exécrable! c'est la patrie tout entière, frappée au cœur, que l'on veut qui périsse, et tout à-la-fois son avenir et ses espérances.

Châteauneuf, 20 février 1820.

*Moniteur*, n°. 57, 26 février.

# DÉPARTEMENT DU NORD.

## *Adresse du Conseil Municipal de la ville de Valenciennes.*

SIRE,

Il avait suffi de quelques heures pour nous montrer dans tout leur éclat les qualités brillantes, les vertus héroïques du petit-fils de Henri IV, de ce fils adoptif de Votre Majesté ; c'est ce souvenir qui fait la mesure de notre douleur ; elle est immense comme la perte dont nous n'apprécions que trop l'étendue et les conséquences ; elle est profonde comme notre horreur pour les doctrines perverses, pour les principes irréligieux et anarchiques, qui, s'ils ne sont promptement refoulés dans le gouffre d'où ils sont sortis, mettront en péril la stabilité des trônes, et par suite la félicité des peuples ; elle est sans bornes comme notre dévouement à votre personne sacrée et à l'Auguste dynastie des Bourbons.

Suivent les signatures.

Valenciennes, le 22 février 1820.
*Moniteur*, n°. 57, 26 février.

---

# DÉPARTEMENT DE LA HAUTE-MARNE.

## *Adresse des Membres du Conseil Municipal de Chaumont, chef-lieu.*

SIRE,

Le crime affreux qui a ravi à la France un de ses princes chéris, a porté la douleur la plus profonde dans le cœur de vos fidèles sujets de la ville de Chaumont ;... Ils déplorent avec amertume un forfait dont les suites sont irréparables ; mais si le passé laisse à tous les bons Français des regrets éternels , avec quel effroi ne doivent-ils pas envisager l'avenir ?

. Ces écrits incendiaires qui prêchent la haine des Rois et le mépris des autels, n'ont-ils armé qu'un seul parricide ?

La providence qui veille aux destinées de votre Auguste dynastie, inséparables de celles de la France , et votre royale sagesse, peuvent seules mettre un terme à nos anxiétés, et préserver la patrie de nouveaux malheurs...

Suivent un très-grand nombre de signatures.

Chaumont, 17 février 1820.

*Moniteur*, n°. 58 , 27 février.

---

## DÉPARTEMENT DU DOUBS.

*Adresse des Maires et Membres du Conseil Municipal de la ville de Besançon.*

SIRE ,

Profondément consternés d'un attentat exécrable, et d'autant plus funeste qu'il frappe la dynastie dans sa tige, et la patrie dans ses espérances, vos fidèles sujets de votre bonne ville de Besançon voudraient pouvoir porter tous aux pieds du trône l'expression de leur douleur. C'est en leur nom que le Conseil municipal vient déposer dans le sein de Votre Majesté, le sentiment de l'indignation la plus vive, et s'associer à vos regrets paternels sur le déplorable sort d'un Prince enlevé à votre amour, à celui de son Auguste famille, à l'espoir de la France et de l'Europe entière.

Mais, Sire, quand le meurtrier n'a pas craint de révéler au monde qu'il voulait anéantir la race Auguste et sacrée de nos rois, il n'est plus possible de se le dissimuler : un forfait aussi horrible ne peut être l'effet du délire insensé d'un vil scélérat; c'est la suite de cette conspiration permanente, qui depuis long-temps menace ouvertement le trône. C'est la conséquence de ces doctrines perverses, le fruit de ces menées factieuses, enhardies par l'impunité.

C'est au nom de votre propre sûreté, au nom de celle de votre Auguste famille, au nom de nos concitoyens en pleurs, que nous vous supplions de rendre à la religion chrétienne son empire, aux lois leur puissance, et aux tribunaux la force nécessaire pour les faire exécuter.

Sire, il est désormais unique le gage précieux que nous a laissé le prince expirant. Qu'il nous soit permis de faire des vœux *pour qu'une nouvelle alliance de l'héritier du trône vienne augmenter notre espoir, donner de nouveaux appuis à votre Auguste Famille, et perpétuer la gloire et le bonheur de la patrie.*

Suivent les signatures.

*Moniteur*, n°. 58, 27 février.

# DÉPARTEMENT DE LA SOMME.

## *Adresse des Officiers de la Garde Nationale d'Amiens.*

SIRE,

Votre fidèle Garde nationale de la ville d'Amiens comprimera, s'il est possible, la douleur qui l'accable depuis l'horrible attentat qui ravit à la France un Prince, noble et glorieux espoir d'une race adorée.

Un soin plus pressant encore nous agite aujourd'hui.

Nous venons déposer dans le sein de Votre Majesté nos inquiétudes et nos alarmes. Hélas! Sire, elles ne sont que trop fondées.

Les circonstances du crime, les réponses mêmes de l'assassin, nous dirons plus, la joie aussi indiscrète qu'atroce des ennemis de la légitimité, tout annonce, tout démontre l'existence de la conspiration la plus monstrueuse contre les Bourbons.

Dans cet instant, où votre cœur repousse l'idée d'un pareil complot, d'autres assassins peut-être épient l'occasion favorable pour arriver au cœur de Votre Majesté, et de votre Auguste famille.

Songez, Sire, que vous ne vous appartenez pas à vous-même; songez que la France regarde votre existence et celle des princes de votre maison, comme la propriété la plus précieuse et la plus sacrée pour elle. La patrie éplorée vous conjure de mettre un terme à ses anxiétés en écartant jusqu'à l'apparence même du danger.

Puissions-nous, Sire, avoir l'incomparable avantage de

concourir aux mesures que vous jugerez nécessaires pour atteindre à ce but si désiré.

Le plus beau jour pour nous serait celui où nous aurions la gloire de tout sacrifier pour la défense de votre dynastie.

Suivent les signatures.

*Moniteur*, n°. 59, 28 février.

---

## DÉPARTEMENT DE LA NIÈVRE.

*Adresse des Habitans de la ville de Clâmeci.*

L'assassinat commis sur la personne de Son Altesse Royale Monseigneur le duc de BERRI, et que rien ne peut égaler, sinon la juste douleur qu'il inspire, ne doit plus laisser de doute sur les perfides intentions des factieux.

Trop persuadés que la France et l'Europe entière veulent les Bourbons, ils ont recours au poignard pour anéantir cette race de héros. La sûreté de l'État dépend donc du supplice exemplaire des véritables auteurs, quels qu'ils soient, d'un attentat si exécrable. Qu'ils ne croient pas toutefois, les monstres, que le noble sang de Saint Louis soit tari jusque dans sa source. Celui qui donna à la France l'auguste victime qu'elle pleure aujourd'hui, celui qui lui donna cet autre Prince, l'objet de notre amour et de nos dernières espérances, *peut encore lui fournir les seules consolations qui lui conviennent.*

Suivent les signatures.

*Moniteur*, n°. 29, 27 février.

# DÉPARTEMENT DE LA COTE-D'OR.

## *Adresse de la ville de Dijon.*

Quel crêpe funèbre vient de s'étendre sur la France ! le bras d'un parricide a frappé Votre Majesté dans l'objet de ses tendres affections ; « il a brisé le cœur d'un père dont » la religion seule peut calmer le désespoir, condamné à » d'éternelles douleurs une épouse adorée, rompu les » nœuds de l'amitié fraternelle, rouvert les blessures de » l'héroïque Princesse dont les infortunes ne sont éga- » lées que par les vertus, et éteint la branche aînée de » Louis-le-Grand, à moins que votre Auguste frère, secon- » dant le plus ardent de nos vœux, ne remplace, par un » nouvel hymen, le Prince dont nous déplorons la perte. »

Sire, nous vous en supplions au nom de l'État, au nom de votre conservation, qui nous est si précieuse et si chère, poursuivez jusque dans ses racines un complot qui, caché dans l'ombre, menace à-la-fois la religion et le trône ; que ceux-là soient atteints par la rigueur des lois, *qui, non contens de propager leurs doctrines perverses, d'égarer les esprits faibles, de séduire et de corrompre la jeunesse,* arment leurs Séides pour épuiser dans sa source le sang des descendans de nos Rois.

Que Votre Majesté ne désespère jamais, Sire, du salut de la France : les vrais Français sont là ; ils accourront à votre voix, et défendront jusqu'à la mort votre personne sacrée et votre auguste dynastie.

Suivent les signatures.

*Moniteur*, n°. 60, 29 février.

# DÉPARTEMENT DE LA SEINE-INFÉRIEURE,

## *Adresse de la ville de Dieppe.*

Sire,

Par quelle fatalité le monstre révolutionnaire qui avait vu à votre aspect ses satellites frappés de stupeur et de honte, désavouer leur complicité, relève-t-il sa tête hideuse, et blasphémant de nouveau contre Dieu et les Rois, rappelle de toutes parts autour de lui ses cohortes sanglantes et dispersées, et prélude, par l'horrible assassinat de votre neveu, à des crimes plus horribles encore ?

Ah ! Sire, c'est en vain que vous espérez enchaîner des tigres par une bonté, nous dirons plus que divine. Déjà sept Bourbons ont péri sous le fer parricide des révolutionnaires, et les coupables jouissent des fruits de leur crime et de leur audace, au sein même de votre capitale.

Daignez, Sire, écouter les cris lamentables et prophétiques des vos provinces : c'en est fait de votre illustre maison et de la monarchie, si votre sagesse ne vous inspire les mesures de vigueur et de fermeté si nécessaires dans les momens de crise et de révolution.

Les scélérats ont espéré porter le dernier coup à votre Maison, en plongeant le poignard dans le sein d'un prince que la providence semblait destiner à lui donner de nouveaux rejetons. *Que votre Auguste frère désespère le crime, qu'il contracte une alliance qui fasse espérer à la France consternée de voir encore long-temps régner sur elle les descendans de cet Henri, l'amour des peuples et le modèle des Rois.*

Les Dieppois ont entendu le cri de Votre Majesté : « Mes amis veillez sur moi ! » Vous les trouverez toujours fidèles à la voix de leur Roi, à la voix de l'honneur.

Suivent les signatures.

Dieppe, 17 février 1820.

*Moniteur*, n°. 60, 29 février.

---

# DÉPARTEMENT DE LA SEINE-INFÉRIEURE.

## *Adresse de la ville de Rouen.*

Sire,

L'exécrable attentat qui vient d'épouvanter la France n'est pas l'œuvre isolée d'un scélérat ; il est le fruit naturel de doctrines audacieusement professées depuis long-temps ; ce sont là les coups qui se portent dans cette guerre ouverte que le délire de l'orgueil et la rage de l'impiété font aujourd'hui à la religion, à l'ordre social, à tous les principes sacrés qui unissent le ciel à la terre, et les hommes entr'eux.

L'assassinat d'un fils de France est une victoire gagnée pour les monstres qui n'ont ni Dieu, ni Roi, ni Patrie. Des mains inhabiles ont cru pouvoir les enchaîner en les caressant. Quelle terrible leçon leur inexpérience nous fait subir aujourd'hui ? Ah ! Sire, qu'elle ne soit pas perdue pour la France et pour vous ! sauvez la France, sauvez votre Auguste famille des coups qui les menacent : avec des lois justes et sévères, et des hommes justes et courageux pour les exécuter, l'empire des lis ne périra pas.

L'empire des lis! à ce mot qu'elle douce espérance renaît dans nos cœurs! Non, tige chérie, vous ne serez point arrachée du sol français; *dans quelques mois, peut-être, un rejeton va se montrer à nos regards attendris. Et si nous* osions les porter plus loin encore, *votre Auguste frère, Sire*........ Mais la douleur fait expirer sur nos lèvres le vœu que nous allions former; il reste au fond de notre cœur. C'est la douleur seule qui doit parler aujourd'hui, puisque c'est elle seule qui peut justifier notre démarche, et qui amène aux pieds de Votre Majesté ses très-humbles serviteurs, très-dévoués et fidèles sujets.

*Quotidienne*, n°. 59, 28 février.

Cette adresse, très-remarquable, a été attaquée par la Renommée et par le Constitutionnel; mais plus de deux mille trois cents citoyens signataires de cette adresse, ont été suffisamment vengés par l'accueil honorable du Roi, comme le témoigne une lettre du duc de la Châtre, adressée à M. le chevalier Odoard, et conçue en ces termes : Je me suis empressé, Monsieur le Chevalier, de mettre sous les yeux du Roi l'adresse des habitans de la ville de Rouen. *Sa Majesté a été très-sensible à l'expression de leur douleur et de leur dévouement.*

Recevez, Monsieur le Chevalier, etc.

Le Duc de la CHATRE.

# DÉPARTEMENT D'ILLE ET VILAINE.

## *Adresse du Chapitre de l'Église cathédrale de Rennes.*

Le chapitre de Rennes, en son nom, et comme interprète de tout le clergé du diocèse, se joint, Sire, à tous les vrais Français, pour porter au pied du trône de Votre Majesté l'expression de sa douleur profonde, ainsi que celle des vœux ardens qu'il adresse au ciel pour écarter les fléaux dont peut-être, hélas! nous sommes encore menacés. Votre Majesté, Sire, n'ignore pas que c'est de l'oubli de cette religion sainte qu'elle se fait un devoir de respecter et d'aimer, que découlent tous les maux qui pèsent sur notre malheureuse patrie. Quand on prétend détrôner le Dieu du ciel, on détrône toute espèce d'autorité sur la terre; on frappe au cœur la société tout entière. Nous osons donc former ici le vœu, que, sous un Roi profondément religieux, sous un digne fils de Saint Louis, sous Louis-le-Désiré, sous le restaurateur de la monarchie française, on puisse enfin mettre une digue à ce torrent d'impiétés qui, envahissant tout, nous roule de nouveau dans l'abîme des révolutions.

Suivent les signatures.

*Moniteur,* n°. 61, 1er. mars.

# DÉPARTEMENT D'ILLE-ET-VILAINE.

*Adresse de l'ancien Évéque de Trèves, nommé à l'Évêché de Rennes.*

Sire ,

Vos fidèles sujets, le Chapitre et le Clergé du diocèse de Rennes, auquel Votre Majesté a daigné me nommer, ont été profondément affligés de l'affreux événement qui vient de plonger la France dans le deuil. L'adresse qu'ils prennent la liberté de transmettre au pied du trône en est le douloureux témoignage. Sire , permettez que j'ose y joindre l'expression de ma propre douleur......

Hélas ! uous ne pouvons nous dissimuler que ce crime horrible prend sa source dans ces écrits impies qui journellement, outragent la Religion et la Dynastie auguste qui en est l'appui, dans ces doctrines qui, rompant insensiblement tout lien d'attachement et de subordination du sujet au souverain, de l'homme à Dieu, ne lui imposent plus aucun frein qui, dans des haines ou des passions sans cesse fomentées, puissent le contenir. La Religion et la Patrie s'unissaient de concert pour demander que cette licence eût un terme. Votre Majesté a déjà pris des mesures à cet effet. Elle saura, dans sa sagesse, y mettre le complément; et elle peut compter sur la fidélité, le zèle et le dévouement du Clergé qu'elle a daigné confier à mes soins.

† Charles.

*Moniteur,* n°. 61 , 1<sup>er</sup>. mars.

## DÉPARTEMENT DE L'YONNE.

### *Adresse de la ville de Cravant.*

Sire,

La ville de Cravant ose supplier Votre Majesté, en appréciant, par l'expérience qu'elle en a, les complimens de condoléance qui arrivent de toutes parts au pied du trône, de prendre les mesures les plus énergiques que commandent les circonstances désastreuses qui semblent menacer le trône, l'autel et la nation entière. Votre Majesté ne peut douter que les véritables auteurs de l'horrible attentat que la France déplore, sont les propriétaires ou collaborateurs de ces journaux infâmes, et ces libellistes qui prêchent ouvertement le meurtre des rois et des prêtres, et que des tribunaux viennent d'absoudre.

Suivent les signatures.

*Moniteur*, n°. 62, 2 mars.

## DÉPARTEMENT DE LA SARTHE.

### *Adresse dés habitans de la ville de La Flèche.*

Sire,

Des royalistes, fidèles habitans de l'arrondissement de La Flèche, département de la Sarthe, consternés par l'attentat horrible qui couvre la France de deuil, supplient très-humblement Votre Majesté d'accueillir dans sa bonté l'expression de leur douleur.

Cette douleur, Sire, mérite d'autant plus l'attention de

Votre Majesté, qu'elle est plus profonde et tient à des souvenirs très-précieux. Mgr. le Duc de Berry fut brave et généreux comme le grand Henri, qui fut le père et le protecteur de notre ville, qu'il enrichit du plus magnifique et du plus intéressant des établissemens dont il fut le créateur. Ah! SIRE, le fer régicide qui vient de frapper le Petit-Fils, pourrait-il ne pas ouvrir dans nos cœurs les plaies que fit aux cœurs de nos ancêtres le poignard qui atteignit l'aïeul! Pouvons-nous ne pas nous écrier comme nos pères :

*Nous et la France avons tout perdu !*

Hélas! SIRE, qu'il nous soit ici permis de réclamer très-humblement de S. A. R. MONSIEUR ce dévouement qu'il a si généreusement montré pour le salut de la France! Ah! que son juste désespoir ne l'empêche pas de sentir que l'existence de la France tient à la perpétuité de la race royale.

Qu'il nous soit également permis de supplier Votre Majesté de tenir sa grande âme fermée aux suggestions de la félonie, qui prend le ton de la fidélité pour vous porter, en faveur des méchans, à une clémence qui serait une injustice envers les bons! qu'il n'y ait plus d'indulgence pour les conseils perfides! Oui, SIRE, dès l'instant où Votre Majesté a pieusement fermé les paupières de son auguste neveu, tous les yeux ont dû être ouverts.

Pour nous, SIRE, en attendant que nous léguions à nos neveux notre amour pour nos Rois, nous offrons à Votre Majesté nos cœurs, nos corps, nos fortunes et vies, pour châtier promptement les traîtres, et concourir de tout notre pouvoir à tous les moyens que Votre Majesté prendra dans sa sagesse contre les suites des fausses et meurtrières doctrines.

Suivent les signatures.

*Moniteur*, n°. 63, 3 mars.

---

## DÉPARTEMENT DE L'HÉRAULT.

*Adresse de la Cour royale de Montpellier.*

Sire ,

Le coup funeste qui a brisé votre cœur paternel, éveille de si douloureux souvenirs; il présente l'avenir sous une forme si effrayante, que la Providence seule peut donner quelque espérance aux Français accablés d'une si longue suite de maux, et jetés dans la plus affreuse consternation par le cruel événement qui fait verser tant de larmes.

Mais pour oser adresser au ciel les vœux que nous formons, ne devons-nous pas chercher à repousser dans le néant les doctrines impies qui désolent la France, et qui ont occasioné tous les maux dont nous sommes depuis tant d'années les témoins et les victimes : ce sont ces funestes doctrines, c'est l'oubli de toute religion, et par conséquent de toute morale, qui ont aiguisé le poignard de l'infâme Louvel, et qui l'ont dirigé dans le sein de ce prince chéri dont les vertus, le noble et brillant caractère, laisseront de si profonds souvenirs dans le cœur de tous les Français dignes de porter ce beau nom.

Aussi, les magistrats chargés par Votre Majesté de l'exécution des lois de la répression des crimes, et qui pourraient l'être du soin de les prévenir, emploieront-ils tous les moyens dont ils disposent, pour anéantir les doctrines anti-religieuses et anti-monarchiques, pour comprimer les méchans, et pour assurer à l'immense majorité des Français la faculté d'adresser au ciel les vœux qu'ils forment pour la vie de Votre Majesté et pour la prospérité de son auguste famille.

*Suivent les signatures.*

*Moniteur*, n°. 64, 4 mars.

---

## DÉPARTEMENT DE LA SEINE-INFÉRIEURE.

### *Adresse de la Cour royale de Rouen.*

SIRE,

Votre Cour royale de Rouen a frémi d'horreur en apprenant l'épouvantable attentat qui plonge la France et l'Europe entière dans le deuil.

Oui, SIRE, tous les souverains, tous les peuples seront Français pour donner des larmes au prince infortuné qui nous est si cruellement ravi.

*Suivent les signatures.*

Rouen, au Palais, ce 18 février 1820.

*Moniteur*, n°. 64, 4 mars.

## DÉPARTEMENT DES BOUCHES DU RHONE.

### *Adresse de la Cour Royale d'Aix.*

SIRE,

Le lâche attentat dont un fils de France vient d'être la victime, oppresse le cœur des membres de votre Cour Royale d'Aix. Ils ont besoin de voir les mesures sages et énergiques éloigner toute espèce de dangers, dissiper toutes les craintes, réunir tous les esprits, et tromper le coupable espoir des ennemis de cette auguste famille qui donna de si grands Rois à la France, et qui seule peut lui assurer pour l'avenir un rang parmi les nations, et dans l'intérieur, le repos, la liberté, le bonheur par le règne des lois.

Suivent les signatures.

*Moniteur*, n°. 64, 4 mars.

---

## DÉPARTEMENT DU LOT.

### *Adresse de la Cour Royale d'Agen.*

SIRE,

Comme vous, SIRE, et vos fidèles sujets, la Cour Royale d'Agen s'indigne contre le monstre féroce dont la main sacrilége a osé verser le sang de nos Rois. Comme vous, SIRE, et tous vos fidèles sujets, elle désire que Votre Majesté prenne, ainsi qu'elle l'a solennellement déclaré, *les mesures propres à préserver l'État de dangers dont l'attentat d'aujourd'hui ne l'avertit que trop.*

Suivent les signatures.

*Moniteur*, n°. 65, 5 mars.

# DÉPARTEMENT DE LA MOSELLE.

*Adresse des Maire, Adjoints et Conseil Municipal de la ville de Metz.*

Sire,

Un crime affreux vient d'être commis, et les habitans de Metz, vos fidèles sujets, en ont frémi d'horreur. Ce Prince auguste, que Votre Majesté appelait son fils, et auquel se rattachaient les espérances de la France, vient d'être frappé comme le fut Henri IV, son aïeul, deux siècles auparavant; mais à la consternation générale se joint un sentiment profond et inaltérable, celui d'un dévouement sans borne à Votre Majesté et à son illustre dynastie. S'il était vrai que l'assassin eût été guidé par une faction dans ses projets parricides, s'il était vrai que cette faction voulût, à force de crimes, rouvrir l'abîme des révolutions, que Votre Majesté l'ordonne, qu'elle daigne, dans sa haute sagesse, prendre des mesures énergiques contre les artisans de nos troubles, et les habitans de Metz verseront leur sang pour maintenir sur le trône de Saint Louis, une famille sans laquelle il n'est point pour la France de sécurité et de bonheur. *Les Bourbons, toujours les Bourbons, pas d'autres que les Bourbons, tels sont les vœux des habitans de Metz.*

Suivent les signatures.

*Moniteur*, n°. 65, 5 mars.

## DÉPARTEMENT DE LA HAUTE-GARONNE.

### *Extrait de l'adresse de la Cour Royale de Toulouse.*

SIRE,

L'assassinat d'un homme privé a été pour les Nations Germaniques le signal de dispositions législatives qui ont rassis chez elles l'ordre public sur ses fondemens éternels. Un attentat mille fois plus grand, une perte mille et mille fois plus désastreuse, seront-ils pour la France un avertissement utile ?

Suivent les signatures.

*Moniteur,* n°. 65, 5 mars.

---

## DÉPARTEMENT DU PUY-DE-DOME.

### *Extrait de l'adresse du Conseil municipal de la ville de Riom.*

Grand dieu ! Quel horrible exemple de dépravation et de perversité ! C'est sans doute l'effet de ce fanatisme politique, de ces doctrines pernicieuses, qui se répandent avec une audace et une profusion effrayante. Au milieu de la consternation publique, cette crainte vient encore affliger notre pensée, mais votre royale sagesse la rassure, et notre crainte est encore soulagée par l'espérance.

Suivent les signatures

*Moniteur,* n°. 65, 5 mars.

# DÉPARTEMENT DES BOUCHES-DU-RHONE.

*Adresse du Conseil Municipal de la ville d'Aix.*

Sire,

Le sang de nos Rois a coulé encore une fois sous le fer d'un exécrable fanatique! Serait-il donc vrai que l'inépuisable clémence de Vôtre Majesté n'a pu désarmer la rage révolutionnaire, qui déjà menace de rouvrir l'abîme que vous aviez fermé? Votre sagesse, Sire, et nous en avons pour gage votre parole Royale, opposera une digue à ces doctrines impies et factieuses que l'on propage avec tant d'audace, et qui menacent d'une subversion entière la religion et la monarchie.

Suivent les signatures.

*Moniteur* n°. 66, 6 mars,

---

# DÉPARTEMENT DE LA MAYENNE.

*Adresse de la ville de Laval.*

Les autorités de la ville de Laval et 300 de ses habitans de différentes classes, entre autres choses remarquables, disent au Roi :

Sire,

Le salut de votre personne sacrée, celui de votre auguste famille, objet de notre amour, nous enhardit, Sire, dans cette circonstance déchirante, à vous exprimer le vœu que l'affreux assassin, que les monstres plus coupables encore qui auraient dirigé son poignard, reçoivent un châtiment qui fassent trembler leurs complices.

Les cruels ! ils veulent laisser la France sans avenir, et léguer à nos enfans la guerre civile !

Nous osons attendre le remède à tant de maux d'un Prince pour qui tous les sacrifices ne sont rien, quand il s'agit du bonheur de la France. Quelque répugnance que nous éprouvions à distraire de sa douleur le père le plus infortuné, nous ne pouvons résister à la voix qui nous crie : *Suppliez Monsieur de sauver la France en perpétuant une famille à laquelle ses destinées sont attachées.*

*Moniteur,* n°. 67, 7 mars.

*Quotidienne,* n°. 66, 6 mars.

---

## DÉPARTEMENT DE LA SOMME.

### *Adresse de la ville d'Amiens.*

Sire,

Un monstre obscur a porté ses mains sacriléges sur un descendant de Saint Louis ! Mais d'autres coupables n'ont-ils pas armé son bras ?

De nouvelles trames contre votre personne sacrée et votre auguste famille ne sont-elles pas ourdies dans les ténèbres ? Tout justifie nos inquiétudes à cet égard.

La patrie éplorée, non-seulement demande justice, mais encore elle attend de votre sagesse, Sire, toutes les mesures nécessaires pour prévenir les malheurs dont nous menacent les doctrines impies et régicides.

Si Votre Majesté perdait l'espoir de voir perpétuer sa race auguste, nous resterions sans avenir.

« Hâtez-vous, Sire, nous vous en supplions, hâtez-
» vous de déterminer votre auguste frère à contracter une
» alliance qui fasse cesser nos alarmes. La France désolée
» l'en conjure ; qu'il vous rende ainsi le fils que vous avez
» perdu, et qu'une nouvelle tige de Bourbons s'élève à
» côté du trône, pour le consolider. »

Suivent les signatures.

*Quotidienne*, n°. 64, 6 mars.

---

## DÉPARTEMENT DE LA SARTHE.

### *Adresse de la ville du Mans.*

Qu'il soit enfin enchaîné et réduit à l'impuissance, ce génie des révolutions, dont les doctrines impies armèrent et dirigèrent le bras de l'assassin, et qui, par ce coup fatal, conçut le sacrilége espoir de tarir dans sa source le noble sang de nos Rois.

Suivent les signatures.

*Quotidienne*, n°. 65, 5 mars.

# DÉPARTEMENT DES BOUCHES-DU-RHONE.

*Adresse des Étudians en droit de la ville d'Aix.*

SIRE,

Les Étudians en droit de la ville d'Aix, viennent déposer à vos pieds l'expression de leur douleur et de leur dévouement.

L'exécrable attentat qui plonge la France dans le deuil, nous a glacés d'horreur. Des larmes d'indignation ont coulé de nos yeux, en apprenant qu'un Prince bien-aimé, l'espoir de la patrie, était tombé sous un fer assassin.

Il fallait donc une nouvelle victime royale au génie sanguinaire de la révolution; ainsi donc, sa fureur n'était pas satisfaite, et sa rage n'était pas assouvie.

O Monarque chéri ! Noble Fils de Saint Louis, la Patrie consternée vous tend une main suppliante et vous conjure de mettre un frein à ces détestables doctrines qui menacent d'un bouleversement total, notre existence sociale!..... Parlez, Sire, et les factieux reconnaîtront l'impuissance de leurs criminels efforts, et nos craintes s'évanouiront, et l'avenir nous apparaîtra sans nuage, et nous reposerons avec sécurité sous l'ombre tutélaire de votre trône constitutionnel. Si ce trône était menacé, si votre personne sacrée, si votre auguste famille étaient en danger, on nous verrait, à la voix de l'honneur et de nos devoirs, briguer la gloire de mourir pour la plus sainte des causes. Oui,

Sire, tant qu'une goutte de sang coulera dans nos veines, vous trouverez en nous des sujets fidèles et dévoués.

Suivent 132 signatures.

*Quotidienne*, n°. 65, 5 mars.

---

## DÉPARTEMENT DE LA LOIRE-INFÉRIEURE.

### *Adresse du Tribunal civil de Nantes.*

Le plus exécrable attentat plonge les vrais Français dans le deuil et dans la consternation.

A peine l'anniversaire du 21 janvier venait de leur rappeler la mort du Roi Martyr, que son illustre neveu, l'objet de toutes les espérances, tombait sous le fer d'un vil assassin. Qui ne serait frappé de ce rapprochement de causes et d'effets aussi déplorables ! L'inépuisable clémence de Votre Majesté n'a pu désarmer les auteurs de tant de crimes et de malheurs. Mais leurs excès impies, il faut l'espérer, auront enfin un terme. Votre Majesté l'a dit elle-même, elle n'est que trop avertie désormais des besoins de l'État. *Homme par le cœur et Roi par devoir*, Sire , sauvez la Monarchie et les Bourbons, la France et l'Europe même vous en conjurent.

Suivent les signatures.

*Moniteur*, n°. 66, 6 mars.

## DÉPARTEMENT DU PAS DE CALAIS.

*Adresse des Officiers de la Garde Nationale d'Arras.*

Sire,

S. A. R. Monseigneur le Duc de Berri, est tombée sous le poignard d'un monstre! Cet horrible attentat à déchiré le cœur de Votre Majesté et de tous les vrais Français; mais la profonde sagesse de Votre Majesté fermera l'abîme où quelques scélérats voulaient nous précipiter. Sa fermeté arrêtera les projets, déjouera les complots, punira les efforts de la malveillance et de la perfidie. Qu'ils tremblent, ceux qui n'ont pas craint d'abuser de la droiture de vos intentions, de votre confiance, de votre amour même pour vos sujets.

Nos cœurs, nos bras, sont tous à votre Majesté et à son Auguste famille. Vous convaincre de notre inaltérable fidélité et de notre dévouement sans bornes, est le but de tous nos vœux.

Suivent les signatures.

*Moniteur*, n°. 66, 6 mars.

----

## DÉPARTEMENT DU PAS-DE-CALAIS.

*Adresse de la ville, du Conseil Municipal, du Clergé, des Officiers de la cohorte urbaine, de Saint-Venant, etc.*

Sire,

L'horrible attentat qui vient de plonger la France dans

le deuil et la consternation, accable nos cœurs de la plus vive douleur.

Oui, Sire, il est temps de tarir la source du mal; il est temps que ces doctrines athées et révolutionnaires, malheureusement trop répandues, soient réprimées, et que tout ce qui en est imbu soit loin du trône et de toute fonction publique.

O mânes chéres du noble et généreux rejeton de Henri-le-Grand, que l'effroyable résultat de ces perfides doctrines vient de nous enlever, implorez la providence de répandre ses bienfaits, ses bénédictions sur l'Auguste Dynastie qui nous gouverne, et qu'elle daigne nous la conserver à jamais!

C'est le vœu bien sincère, Sire, de vos plus fidèles sujets.

Suivent les signatures.

*Moniteur*, n°. 66, 6 mars.

------

## DÉPARTEMENT DE LA HAUTE-GARONNE.

*Adresse des Membres composant le Conseil municipal de la ville de Toulouse.*

Sire,

Lorsque tout gémit autour de nous, lorsque dans la fidèle ville de Toulouse, au milieu de cette calamité publique, chacun ressent le coup fatal comme s'il avait frappé ce que sa famille lui offre de plus cher, comment peindre à Votre Majesté une consternation si générale, si vivement sentie?

Ah ! Sire, notre espérance est-elle donc éteinte, nos arrière-neveux pourront-ils bénir dans leur Souverain un rejeton de cette branche des Bourbons, dont le chef auguste a rendu à la France le bienfait de la légitimité et tous ses grands souvenirs ?

Puisse Votre Majesté, dans sa sagesse, afin de prévenir les malheurs nouveaux, arrêter ce torrent des funestes doctrines dont l'assassinat se montre l'abominable conséquence !

Que la licence impie, acharnée contre ce que la Religion a de plus grand, contre ce que la Monarchie a de plus sacré, soit enchaînée par votre main puissante !

Sous l'égide de ces mesures salutaires, l'ordre social ne sera plus menacé par des attentats désorganisateurs, et retrouvera la stabilité dont la France a joui pendant huit siècles, et que la race antique et vénérée de nos Rois pouvait seule lui donner, et peut seule nous garantir encore : qu'alors la révolte épouvantée frémisse, et qu'elle perde à jamais son poignard et ses espérances.

Suivent les signatures.

*Moniteur*, n°. 69, 9 mars.

---

## DÉPARTEMENT DE L'HÉRAULT.

*Adresse des Maire, Adjoints et Conseil municipal de Montpellier.*

Sire,

Votre bonne ville de Montpellier est profondément affligée de l'horrible attentat qui prive la France d'un petit-fils de Henri IV. Héritier de la magnanimité de ce grand Roi,

le Prince que nous pleurons pardonne à son assassin!....
A cet excès de bonté, qui ne reconnaît l'âme d'un Bourbon?

Sire, nos maux sont grands comme notre douleur; mais ils ne sont pas sans remède comme elle. Les paroles de Votre Majesté, que toute la France a recueillies, nous font espérer que nous verrons bientôt s'anéantir les systèmes révolutionnaires d'impiété et de révolte qui, dans leur marche audacieuse, aspirent à détruire la monarchie, déchirent l'État, irritent toutes les passions et oppriment la fidélité sans pouvoir l'affaiblir.

Suivent les signatures.

*Moniteur*, n°. 69, 9 mars.

---

## DÉPARTEMENT D'ILLE-ET-VILAINE.

*Adresse des Membres du Conseil-Général du département d'Ille - et - Vilaine, du Conseil d'arrondissement de Rennes, du Conseil de préfecture, des Directeurs et Chefs d'administration du Département.*

Sire,

L'horrible attentat qui vient de nous ravir un Prince l'espoir de sa famille et de la France entière, nous permet à peine de rompre le silence de la stupeur pour déposer dans le sein de Votre Majesté le sentiment de notre profonde affliction.

Plus notre situation est déchirante, plus il nous est né-

4

cessaire d'en rechercher les causes, afin de prévenir au moins le retour d'aussi effrayantes catastrophes.

Sire, de tous les points de la France, un cri s'élève contre ces doctrines révolutionnaires et régicides, *qui, après avoir corrompu la société, menacent de pervertir encore la génération naissante en lui inspirant le mépris de de toute morale, de toute religion.* La licence des écrits et des mœurs, l'impiété : voilà les monstres qui ont frappé l'auguste victime que nous pleurons ; l'infâme Louvel n'a été que leur odieux instrument ; il a osé le proclamer lui-même, en faisant, dans ses réponses, une profession formelle d'athéisme.

Daignez, Sire, réprimer des excès qui ont d'aussi affreux résultats. Imposez silence à l'immoralité et à l'irréligion. O Roi très-chrétien ! vous êtes le père de tous les Français, vous connaissez leurs besoins, vous pouvez les soulager ; vous le voulez, nous sommes prêts d'obéir à tout ce que votre sagesse vous suggèrera pour y parvenir. Nos cœurs et nos bras sont à vous, nous vous supplions d'agréer l'hommage des uns et le service des autres.

Nous sommes avec le plus profond respect.

( Suivent les signatures. )

*Moniteur*, n°. 71, 11 mars.

# DÉPARTEMENT DE LA CORRÈZE.

*Adresse des Fonctionnaires publics de la ville de Tulle.*

Sire,

Un cri d'indignation et d'effroi a retenti dans nos montagnes ; mais pleins de confiance dans votre amour éclairé pour vos peuples, nous attendons avec respect, nous exécuterons avec fidélité, les mesures que dictera votre sagesse pour comprimer les factions, pour maintenir la paix et la liberté que vous avez ramenées dans votre patrie, et que vous et votre auguste dynastie pouvaient seuls y consolider.

( Suivent les signatures. )

*Moniteur*, n°. 71, 11 mars.

# DÉPARTEMENT DU GARD.

*Adresse des Maire, Adjoints et Conseil municipal de la bonne ville de Nîmes.*

Sire,

Attenter à la vie d'un fils de France, c'est déchirer le sein de la patrie, dont il était l'espoir.

Aussi, est-ce sur nous-mêmes et sur nos enfans que nous versons des larmes, lorsque le plus odieux des attentats nous enlève un rejeton de votre illustre race, à l'existence de laquelle tient le salut de la France; un Prince l'objet de notre amour, et dont les destinées, comme les vertus, nous rappellent Henry IV, que, parmi tant de Rois ses aïeux, il avait choisi pour modèle.

La France épouvantée se presse autour du trône. Où trouverait-elle sa sûreté, si elle n'est dans la fermeté et dans la justice de son Roi ?

Éclairé par la plus grande calamité qui puisse affliger votre cœur paternel; daignez, Sire, déployer toute la force que vous donnent ces institutions, monument éternel de votre haute sagesse; arrêter les progrès de ce système anarchique qui, ainsi que vous l'avez dit vous-même, *attaque l'ordre social sous le masque de la liberté, et a coûté au monde tant de sang et tant de larmes.*

Que d'audacieux sophismes ne puissent plus désormais souffler avec impunité au milieu de vos peuples, cet esprit d'irréligion et d'indépendance, cette haine des Rois, ce mépris de l'autorité légitime, cet oubli de tous les devoirs et de toutes les convenances, effrayans précurseurs de de la chute des trônes et de la dissolution des sociétés.

Vous sauverez la France, Sire, et vous acquerrez de nouveaux droits à la reconnaissance de vos sujets, en veillant à la conservation de votre personne sacrée, en écartant tout péril de ce prince qui a partagé vos malheurs et votre gloire; que, dans leur amour, les Français se plaisent à confondre avec vous, et auquel nous devons cet autre Prince dont nous avons admiré et servi le courage dans les jours du danger.

Tels sont les sentimens dont les habitans de votre bonne ville de Nîmes sont animés, tels sont leurs vœux pour le salut de la Patrie.

Suivent les signatures, au nombre de 330.

*Journal des Débats*, 22 mars.

*Moniteur*, n°. 71, 11 mars.

# DÉPARTEMENT D'ILLE-ET-VILAINE.

*Adresse du Corps municipal de la ville de Rennes.*

Sire,

Interprètes des habitans de la ville de Rennes, les membres du Corps municipal viennent déposer aux pieds du trône de Votre Majesté, l'expression de la douleur profonde dont ils sont pénétrés.

Comme tous les vrais Français, il repoussent avec horreur ces funestes doctrines subversives de tout ordre social, qui consacrent l'impiété, la trahison et l'assassinat, et calomnient aux yeux de l'Europe le caractère d'une nation loyale et généreuse.

Comme tous vos fidèles sujets, ils attendent avec confiance, et seconderont avec énergie et dévouement, les mesures que la sagesse de Votre Majesté jugera nécessaires pour prévenir les conséquences de cet exécrable forfait.

*Suivent les signatures.*

Rennes, 21 février 1820.

*Moniteur*, n°. 71, 11 mars.

---

# DÉPARTEMENT DE LA LOIRE.

*Adresse des Maire Adjoints et Membres du Conseil municipal de la ville de Montbrison.*

Sire,

Dans cette funeste circonstance, organes de vos fidèles sujets les habitans de cette ville, qu'il nous soit permis de le dire : Qui ne verra la cause première de ce crime affreux, de cet horrible attentat qui a couvert la France d'un voile funèbre en lui enlevant un Prince Auguste, digne descendant du Grand Henri, dans ce débordement de maximes anti-religieuses, anti-monarchiques et anti-sociales, qui inondent la France depuis plusieurs années, et qui se répandant avec une publicité et une impunité effrayantes, portent la corruption dans tous les cœurs, et l'égarement dans tous les esprits.

Nous avons vu, Sire, et nous voyons tous les jours avec effroi, une faction, ennemie de tout ordre social, faire avec audace l'apologie du crime, qualifier d'erreurs la trahison et le régicide, outrager ouvertement la vertu, la fidélité et le malheur, répandre avec la plus étonnante impunité le ridicule et le mépris sur la Religion et sur ses ministres.

En suppliant Votre Majesté d'agréer l'expression de la douleur et des regrets des habitans d'une ville fidèle, qui ne compte pas une famille qui n'ait fourni quelque victime à la rage des ennemis de la Religion et de la légitimité, nous déposerons aussi à ses pieds nos vœux les plus ardens, pour qu'elle prenne, dans sa sagesse, les mesures les plus promptes pour prévenir de semblables attentats sur sa personne sacrée ou sur son auguste famille, et pour fermer désormais l'abîme des révolutions, prêt à se rouvrir pour nous.

Suivent les signatures.

*Moniteur*, n°. 73, 13 mars,

# DÉPARTEMENT DES DEUX-SÈVRES.

*Adresse du Conseil de Préfecture du département des Deux-Sèvres.*

Sire,

Un vœu général s'élève au milieu de la plus profonde affliction, nous supplions Votre Majesté de daigner l'accueillir : un espoir trop faible reste à la France éplorée, inquiète sur son avenir.... *Le mariage de l'héritier de la couronne, en promettant à la Patrie des rejetons du Sang Royal, replanterait la légitimité, frappée dans sa racine par le plus épouvantable attentat.*

Suivent les signatures.

*Moniteur*, n°. 67, 7 mars.

---

# DÉPARTEMENT DU MORBIHAN.

*Adresse de la ville de Vannes.*

Sire,

Si cet horrible forfait était l'ouvrage d'une faction ennemie des rois et de la légitimité, s'il était le résultat des maximes anarchiques qui sortent de certaines bouches et sont publiées dans certains écrits, le châtiment du coupable ne procurerait à la justice et à la société qu'une satisfaction et une garantie insuffisante.

Suivent les signatures.

*Moniteur*, n°. 67, 7 mars.

# DÉPARTEMENT DE LA GIRONDE.

## *Adresse des Fonctionnaires publics et Habitans de la ville de Bordeaux.*

Sire,

Le sang royal, le sang de Henri IV, votre propre sang, vient, pour la troisième fois depuis vingt-sept ans, de rougir la face de la France ; et le crime, triomphant et insatiable, menace encore d'autres têtes !... Ceux qui ont frappé notre avenir dans le cœur d'un de nos Princes, n'attendront pas du temps le prix incertain de leur forfait. *Homme par le cœur et Roi par devoir*, épargnez aux hommes de nouveaux crimes, arrachez notre patrie à de nouveaux malheurs.

La peine promise par nos lois à l'affreux parricide, frappera la tête du meurtrier ; mais si son supplice suffit à la justice, il ne saurait suffire à la sécurité des hommes de bien et des sujets fidèles.

Sire, la Religion outragée, l'autorité avilie, les principes conservateurs des sociétés audacieusement attaqués, la révolte hautement encouragée, l'abus coupable d'une liberté que votre amour nous avait donnée, et que l'esprit de trouble et de désordre a dénaturée, voilà la véritable source du mal qui nous tue, et que votre main royale peut seule arrêter.

Pleins de confiance dans votre sagesse, et de respect pour vos volontés, nous attendons avec l'impatience de l'amour et de l'inquiétude, les mesures que vous avez préparées ou adoptées, et nous jurons d'avance d'employer l'autorité que nous tenons de Votre Majesté, pour faire respecter les lois, et pour maintenir , contre les efforts des factieux , la dignité de votre couronne et les droits sacrés de votre famille.

Suivent les signatures.

Bordeaux , 18 février 1820.

*Moniteur* , n°. 67 , 7 mars.

---

## DÉPARTEMENT D'EURE-ET-LOIR.

### *Adresse de la ville de Chartres.*

SIRE ,

Le fanatisme révolutionnaire, qui, depuis trente ans, ne cesse d'agiter les peuples et d'ébranler les trônes , a mis le poignard à la main d'un nouveau Ravaillac, pour l'enfoncer au cœur d'un digne fils de Henri ; déplorable effet de ces écrits séditieux qui prêchent ouvertement le mépris de la religion, et de la morale , la haine de l'autorité et de la légimité , et les doctrines les plus subversives de l'ordre social.

SIRE , la France , la monarchie, votre famille, Votre Majesté ; sont menacées ; sauvez-les, sauvez-nous , sauvez-vous , nous vous en conjurons.

Suivent les signatures.

*Moniteur* , n°. 81 , 8 mars.

## DÉPARTEMENT DE LA GIRONDE.

*Adresse des Membres du Conseil municipal de la ville de la Réole.*

Sire ,

Vos fidèles sujets les membres du Conseil municipal de la ville de la Réole , ont appris avec la plus profonde douleur la nouvelle de l'assassinat de S. A. R. Mgr. le Duc de Berri. Ce crime est un attentat public ; il enlève à la Nation ses plus chères espérances ; il est l'œuvre de la scélératesse d'un parti , qui , s'il n'est anéanti , ne croira sa rage assouvie que lorsqu'il aura vu couler le sang du dernier des Bourbons.

Permettez , Sire , que dans cette grave circonstance , les plus humbles sujets de Votre Majesté osent exprimer des vœux : sauvez la France , sauvez la Patrie ; préservez-nous des horreurs d'une nouvelle révolution ; vos ennemis et les nôtres l'ont préparée à l'aide des maximes les plus perverses , détruisez leurs affreux projets , il en est temps encore ; que votre bras , armé désormais d'une juste sévérité , frappe sans ménagement les coupables ; que les lois , appropriées au caractère des Français , règlent nos destinées ; que ces lois soient telles , qu'elles puissent préserver la France des dangers dont l'assassinat de votre fils adoptif ne vous avertit que trop , et que nous puissions espérer que le cri de ralliement de nos neveux soit comme le nôtre : *Vive le Roi ! vivent les Bourbons ! vive la France !*

Suivent les signatures.

*Moniteur* , n°. 67 , 7 mars.

# DÉPARTEMENT DE LA CHARENTE-INFÉRIEURE.

## *Adresse des Habitans de l'arrondissement de la Rochelle.*

Sire,

Les habitans soussignés, de l'arrondissement de la Rochelle, partagent vivement la trop juste douleur qui brise le cœur paternel de Votre Majesté et de son Auguste Famille.

Daignez, Sire, recevoir l'expression de leur profonde indignation, et contre le vil assassin, et contre les épouvantables doctrines qui ont armé son bras.

Périssent, et lui et ses complices, directs ou indirects, quels qu'ils soient !

Veillez, veillez, Sire ; nous vous en supplions, au nom de vos fidèles sujets, à votre conservation, à celle de votre dynastie. *Puisse, dans l'intérêt de la Patrie, votre Auguste Frère former de nouveaux nœuds, qui rendent à la France l'espoir de voir perpétuer la branche royale, à laquelle elle attache ses destinées.*

Notre dévouement, Sire, est sans bornes, comme notre amour *pour Votre Majesté, pour Madame, pour nos Princes, et pour l'Auguste et Infortunée Princesse dont nous ressentons vivement la douleur.*

Suivent 618 signatures.

La Rochelle, 23 février 1820.

*Moniteur*, n°. 67, 7 mars.

———

# DÉPARTEMENT DE SAONE-ET-LOIRE.

## *Adresse de la ville d'Autun.*

SIRE,

Un fils de France a succombé sous le fer d'un assassin !.. Ah ! SIRE, quel Français pourrait ne pas détester le lâche et criminel attentat, qui ravit au trône et à la France l'un de ses plus fermes soutiens, sa plus belle espérance !

SIRE, vos fidèles sujets vous en conjurent, veillez sur vous et sur votre Auguste Famille. Le sang des Bourbons, si précieux à la France, n'a déjà que trop coulé sous le fer des assassins et des bourreaux ; prévenez les complots sacriléges d'une secte impie et régicide, que votre clémence n'a pu désarmer ; abandonnez les coupables, quels qu'ils soient, à toute la rigueur des lois, et protégez contre ces factieux la Religion et le trône de Saint Louis. Puisse le ciel conserver les jours précieux de Votre Majesté !

*Puisse, enfin, puisse le Prince vertueux qui partage notre amour, et dont nous respectons l'auguste douleur, comprendre les vœux secrets de la France, et, s'imposant de nouveaux devoirs, rassurer et consoler notre avenir.*

Suivent les signatures.

*Moniteur*, n°. 68, 8 mars.

# DÉPARTEMENT DE LA LOIRE-INFÉRIEURE.

## *Adresse des Maire, Adjoints et Conseil Municipal de la ville de Nantes.*

Sire,

. Votre bonne ville de Nantes s'empresse de mettre à vos pieds le tribut de sa douleur pour l'horrible attentat commis sur un de nos Princes chéris, l'espoir du trône. Fallait-il donc encore une nouvelle victime dans la Famille Royale? Les méchants veulent rouvrir l'abîme de la révolution : tel est le but des doctrines irréligieuses, régicides et anti-sociales qu'ils répandent partout, chaque jour, sous toutes les formes et dans tous les lieux. Ils ne réussiront point dans leurs affreux projets. Le mal est grave et urgent, sans doute, puisqu'il compromet le sort de l'État et de la Monarchie.

Mais Votre Majesté saura y remédier; en les sollicitant avec instance, nous devons nous reposer avec confiance sur les mesures que lui dictera sa haute sagesse.

- Suivent les signatures.

Nantes, le 21 février 1820.

*Moniteur*, n°. 69, jeudi 9 mars.

---

# DÉPARTEMENT DE LA COTE-D'OR.

## *Adresse de la ville de Dijon.*

Sire,

. Une main parricide vient d'enlever à la France un Prince magnanime, l'espoir de son avenir, et sur qui semblaient reposer ses plus brillantes destinées. Elle a ravi au cœur de Votre Majesté celui que vous formâtes aux vertus, celui que vous nommiez du doux nom de fils ; elle a brisé la tige qui devait vous reproduire, et perpétuer ainsi le bonheur des Français.

Ainsi donc, Sire ; le fanatisme politique n'a pu être désarmé par votre longue et inépuisable clémence ; chacun de vos jours, marqué par votre bonté, signale son ingratitude, accroît son audace et l'enhardit aux forfaits.

Votre bonne ville de Dijon, confiante dans votre haute sagesse, se repose sur Votre Majesté de la tranquillité de l'État ; puissiez vous arriver jusqu'à ceux qui ont pu armer un obscur assassin ; puissiez-vous atteindre cette secte impie qui aspire également à la ruine de la Religion de nos pères et à celle de ce trône auguste, dont elle vient, dans sa fureur, d'ensanglanter les marches.

Suivent les signatures.

*Moniteur*, n°. 69, 9 mars.

---

## DÉPARTEMENT DE LA HAUTE-GARONNE.

*Les Membres composant l'Académie Royale de Toulouse déposent aux pieds du trône leur profonde douleur.*

Sire,

Une trop cruelle expérience, disent-ils ; ne nous a que trop appris que l'irréligion, et les doctrines pernicieuses qui en ont été la suite, ont le plus contribué à la corruption du siècle, par le venin perfide qu'elles n'ont cessé de répandre, et que les esprits pervers ont souvent cherché à faire pénétrer dans nos écoles, malgré notre vigilance pour prévenir une aussi funeste contagion. Chargés par Votre Majesté de l'instruction des générations naissantes; nous redoublerons d'efforts pour faire germer dans le cœur de la jeunesse, *les principes de religion et de morale, uniques et véritables bases de l'éducation dans toutes les classes de la société.*

*Moniteur*, n°. 73, 13 mars.

---

## DÉPARTEMENT DES BOUCHES-DU-RHONE.

Les fonctionnaires de l'Université composant l'académie d'Aix, éprouvent le besoin d'exprimer à Sa Majesté leur profonde affliction; ils la supplient d'agréer l'assurance de leur dévouement, plus absolu et plus intime, s'il est possible, dans de si affreuses calamités.

*Moniteur*, n°. 73, 13 mars.

L'Académie des Jeux Floraux offre le même hommage de regrets et de respects.

Le Chapitre de l'Église métropolitaine de Besançon dépose également aux pieds du trône le tribut de sa douleur et de ses larmes.

Les fonctionnaires publics et habitans de la ville d'Yvetot s'expriment ainsi :

*Sire, c'est par vous et par votre dynastie seule, que nous pouvons et que nous voulons être heureux.* **Ibid.**

# DÉPARTEMENT DE L'AVEYRON.

*Adresse des Membres du Conseil de Préfecture.*

Sire,

Déjà pour la 5e. fois, depuis moins de trente ans, votre sang illustre avait coulé sous des mains parricides ; enhardis par une clémence dont Votre Majesté fournit le plus généreux modèle, les traîtres ont juré de sécher jusque dans sa racine la tige auguste des Bourbons, et le plus jeune de ses rejetons, le dernier espoir de la France devait être le premier objet de leurs fureurs.

Sous les ruines déjà menaçantes de la Religion et de la morale, la trahison levait depuis long-temps un front audacieux ; elle croit aujourd'hui son triomphe certain : non Sire, il n'en sera pas ainsi ; que ses criminelles espérances soient déçues ! Puisse l'énergique et prompt effet des mesures tutélaires dont votre bouche royale a donné l'assurance au premier corps de l'État, calmer la patrie effrayée ! Vous avez fait la part de la clémence, vous ferez celle de la justice ; et la France en alarmes verra enfin la perfidie atteinte partout où elle sera reconnue.

Suivent les signatures.

*Moniteur*, n°. 73, 13 mars.

# DÉPARTEMENT DU LOT.

## *Adresse des Membres du Conseil municipal de la ville de Cahors.*

SIRE,

Un cri d'effroi s'est fait entendre,... la race impie et parricide des Ravaillac a repris ses poignards,... BERRI n'est plus !..... A ce cri l'Europe à frémi d'horreur, et la France consternée s'est enveloppée de crêpes funèbres... Ah! Sire, le jour funeste où la nature en deuil voit périr un Bourbon, tout Français accourt en gémissant sur les marches du trône, offrir à son Roi et ses pleurs et sa vie.

Oui, Sire, c'est sur le poignard d'un exécrable assassin que nous jurons un amour éternel à votre Auguste Dynastie, c'est sur le fer fumant du Sang Royal, que nous jurons à Dieu de vous aimer, et de vous défendre jusqu'à nos derniers soupirs.

Sire, daignez entendre les cris plaintifs de notre douleur profonde; elle est digne de vos malheurs et de vos vertus; les larmes de la fidélité sont devenues depuis long-temps les seules consolationsdes Bourbons.

Suivent les signatures.

*Moniteur*, n°. 74, 14 mars.

## DÉPARTEMENT DU RHONE.

*Adresse de la Garde nationale et autres Habitans de la ville de Lyon.*

Sire,

Un horrible attentat vient de plonger la France entière dans la plus profonde affliction. Que Votre Majesté daigne entendre la voix de ses enfans! Ils ont besoin d'épancher leur douleur dans le sein de leur père, et de confondre leurs larmes avec les siennes.

Sire, nous sommes pénétrés de la vérité des Paroles Royales de Votre Majesté, et comme elle, trop avertis par cet odieux attentat, des maux qui menacent notre patrie.

Nous le disons avec toute l'énergie que donne à des cœurs français le désir de conserver leur Roi et son Auguste Dynastie, ce crime est le crime des doctrines perverses qui inondent notre malheureuse France, et qui, en outrageant chaque jour la Majesté du Ciel, ébranlent les Majestés de la terre.

Nous osons, Sire, vous supplier de réprimer ces doctrines funestes, et la Providence, qui, par tant de miracles, a relevé le trône de Saint Louis, daignera veiller à sa conservation. Elle entourera Votre Majesté d'hommes vraiment fidèles à leur Roi, parce qu'ils le seront à leur Dieu : elle *inspirera au Prince héritier de la couronne, le noble dessein de faire trève à sa juste douleur, pour assurer de nouveaux rejetons à cette Race Royale, si nécessaire au bonheur de notre patrie,* elle répandra sur Votre Majesté et sur son Auguste Famille ; les consolations qui adoucissent les plus grandes douleurs.

Pour nous, Sire, réunis par l'indignation qu'inspire un exécrable forfait ( comme autrefois à l'époque du siége mémorable ), nous sommes encore prêts à verser notre sang pour la défense de votre personne sacrée et de son auguste dynastie.

Suivent les signatures.

*Moniteur*, n°. 73, 13 mars.

---

## DÉPARTEMENT DES PYRÉNÉES.

*Adresse des Maire, Adjoint et Membres du conseil municipal de la ville de Perpignan.*

Sire,

Les ennemis de la religion de nos pères, les corrupteurs de la morale publique, les propagateurs des doctrines criminelles, viennent de couvrir la France de deuil. Ce sont leurs écrits incendiaires, ce sont leurs infâmes prédications, qui ont dirigé le fer des parricides. Dans les amertumes de la royauté, Votre Majesté a vu périr le bien-aimé de son cœur, et ce jour de malheur a frappé les Français dans leurs plus chères espérances. Au milieu de vos inépuisables bontés, et dans un silence farouche, avait été médité un des plus grands forfaits. Les amis du trône, sujets soumis de Votre Majesté, appellent à grands cris de justes vengeances. Que jamais la clémence n'abandonne votre cœur paternel ; mais que les ennemis de votre dynastie soient poursuivis

: sans relâche dans leurs sinistres projets, et que leur profonde dissimulation ne puisse en aucun temps les soustraire à la pénétration de vos regards, et à la vigilance active des magistrats.

Sire, la ville de Perpignan consternée, met aux pieds de Votre Majesté son inexprimable douleur, son amour et son entier dévouement.

*Suivent les signatures.*

*Moniteur*, n°. 75, 15 mars.

# DÉPARTEMENT DE TARN-ET-GARONNE.

## *Adresse du Conseil Municipal de la ville de Montauban.*

SIRE,

Le langage de la douleur et de la sincérité est simple et laconique. Les habitans de la bonne ville de Montauban, ont en horreur le forfait exécrable qui a enlevé à votre famille et à la France un Prince, espoir de la patrie, et gage de son bonheur à venir; ils abhorrent les funestes doctrines qui ont armé le bras de l'assassin, et les coupables ou insensés sophistes qui les proclament.

Sire, nos bras, nos cœurs sont à vous; veuillez en disposer pour le salut des descendans de Henri IV, et pour celui de la France, qui en dépend.

*Suivent les signatures.*

*Moniteur*, n°. 75, 13 mars.

# DÉPARTEMENT DE LA HAUTE-VIENNE.

*Adresse des Maire, Adjoints et Membres du Conseil municipal de la ville de Limoges.*

Sire,

Au milieu de la stupeur générale, le Corps municipal de la ville de Limoges osera-t-il faire entendre à Votre Majesté le cri de sa douleur ?

Sire, Jeanne d'Albret a jeté dans nos cœurs l'amour des Bourbons, Henri, son fils, le Grand Henri, comme votre fils adoptif, tomba sous un fer assassin ; nos pères ont pleuré leur Roi, nous pleurons aujourd'hui notre Prince. Sire, vos Limousins ne forlignent point, le coup qui arrache un Bourbon à leur amour, les attache plus fortement aux Princes qui leur restent. La France entière réclame avec nous leur conservation. Imprimez à leurs ennemis une crainte salutaire. Si quelque fois les peuples implorent la clémence des Rois, une justice sévère est aujourd'hui leur premier besoin.

Suivent les signatures.

*Moniteur,* n° 75, 15 mars.

---

# DÉPARTEMENT DE LA VIENNE.

*Adresse des Maire, Adjoints et Conseil munici- pal de la ville de Poitiers.*

Sire,

Les termes manquent à notre douleur ; il ne nous reste

de force que pour exprimer à Votre Majesté l'horreur dont nous sommes pénétrés pour les principes subversifs de l'ordre social, qui ont amené cet épouvantable crime.

*Suivent les signatures.*

Poitiers, 18 Février 1820.

*Moniteur*, n°. 75, 15 mars.

---

## Lettre de Sa Majesté aux Évêques du Royaume.

Monsieur l'Évêque, l'horrible attentat dont notre bien-aimé neveu, le duc de Berri, a été victime, a profondément déchiré notre cœur. Les consolations de la Religion peuvent seules adoucir l'amertume de nos regrets. C'est avec un profond sentiment de confiance que nous invoquons cette Providence Divine, qui a permis que le Prince, que le fils que nous pleurons, se survécût en quelque sorte à lui-même, pour recevoir les secours de la religion, et développer en peu d'heures les vertus et la magnanimité qui auraient embelli une longue vie.

La France entière a partagé notre douleur; chaque famille a ressenti, comme une blessure faite à elle-même, le coup qui a frappé notre famille royale : c'est pourquoi nous croyons aller au-devant de ses vœux, en appelant nos peuples à s'unir à nos prières, comme ils partagent notre affliction.

A ces causes, notre intention est qu'il soit célébré un service solennel dans toutes les églises du Royaume, le 24 de ce mois; nous voulons qu'il ne soit prononcé aucun discours ni oraison funèbre.

La présente n'étant à autre fin, nous prions Dieu qu'il vous ait en sa sainte et digne garde.

Au Château des Tuileries, le 13 mars 1820.

Signé LOUIS.

Par le Roi, le Ministre-Secrétaire-d'État de l'Intérieur.

Signé SIMÉON.

*Moniteur*, n°. 76, 16 mars.

---

## DÉPARTEMENT DU GERS.

*Adresse des Maires, Adjoints et Membres du Conseil Municipal de la ville d'Auch.*

SIRE,

Les Maire, Adjoints et Membres du Conseil Municipal de la ville d'Auch viennent déposer aux pieds de Votre Majesté l'expression de la profonde douleur qui les accable avec tous les vrais Français, et qui s'accroît de celle qu'éprouve votre cœur paternel.

Dans cette cruelle circonstance, qui épouvante l'Europe et désole la France, votre sagesse, Sire, est l'ancre de salut qu'assurera votre justice : la gloire de la Religion et l'affermissement de la légitimité sont les premiers besoins de la France, eux seuls peuvent calmer nos cruels regrets, prévenir de nouveaux malheurs, et ramener des jours heureux, pour vous, Sire, pour les Personnes Augustes de votre Royale Famille, et pour vos peuples fidèles.

Suivent les signatures.

*Moniteur*, n°. 80, 20 mars.

## DÉPARTEMENT DE SEINE-ET-OISE.

*Adresse des diverses Autorités et Habitans de la ville de Gonesse.*

Sire,

Il n'est plus, ce Prince héritier des qualités morales et guerrières de Henri IV.

La France verse des larmes bien amères sur sa tombe, ombragée de cyprès.

Puisse le châtiment réservé au parricide Louvel, ensevelir dans sa tombe les doctrines impies et factieuses qui surgissent de toutes parts contre l'autel et le trône, et dont l'inconcevable tolérance n'a été qu'une pomme de discorde et de désordre.

Suivent les signatures des Maire et Adjoints, Conseil municipal, juge de paix, Commission de l'Hospice, et 181 des plus considérables habitans.

*Quotidienne*, n°. 30, 20 mars.

---

*Adresse au Roi, votée par le Conseil municipal de la ville d'Avignon, dans la séance du 21 février 1820.*

Sire,

L'affreux attentat commis sur la personne de S. A. R. Mgr. le duc de Berri, de votre enfant d'adoption, d'un Prince cher à tous les bons Français, l'espérance de la patrie, a rempli d'horreur vos fidèles sujets de votre bonne ville d'Avignon.

Mais, Sire, des larmes stériles ne sauvent pas les États lorsqu'ils sont arrivés au bord du précipice. Le coup affreux dont nous gémissons, nous avertit de l'audace effrénée de ces hommes pervers, qui pendant longtemps ont aiguisé leurs armes meurtrières dans l'antre obscur du crime, et qui, jetant ouvertement le masque, s'avancent hardiment, l'athéisme dans le cœur, le poignard à la main, frappant les têtes les plus élevées. Il est temps, Sire, de comprimer cette fureur révolutionnaire; mais elle ne peut l'être que par des institutions fortes, en harmonie avec la religion, la morale et la monarchie légitime.

Que l'athée, que le régicide, que l'ennemi du genre humain, soient forcés, par une législation vigoureuse, de renfermer dans leur âme leurs doctrines désespérantes, et cessent de distiller leur venin sur toutes les classes de la société; que le Dieu de nos pères ne soit plus outragé; que la religion de Clovis, de Saint Louis, du Roi martyr, qui fit si long-temps le bonheur de la France, soit respectée et protégée; que la société, ébranlée jusqu'en ses fondemens, soit raffermie sur des bases indestructibles; *que l'éducation de cette intéressante jeunesse, qu'on pervertit par des doctrines horribles, soit dirigée par des principes religieux et monarchiques;* et que, sous l'empire des lis, dont une faction liberticide cherche à dessécher jusqu'à la dernière racine, la France malheureuse et battue par tant d'orages, jouisse enfin d'un repos acheté par de si longues douleurs.

La Providence, Sire, vous a appelé pour fermer l'abîme des révolutions. Vous remplirez votre destinée ; nous avons pour garant la parole sacrée de Votre Majesté.

*Suivent les signatures de tous les membres du Conseil municipal.*

---

## DÉPARTEMENT DE LA CHARENTE.

*Adresse du tribunal de Commerce et des Négocians de la ville d'Angoulême.*

Sire,

La jeune tige des Bourbons, l'espoir de la Dynastie, lui est ravie par la main d'un Français !

Grand Dieu ! faut-il que la bienfaisance, la valeur, l'assemblage de toutes les vertus, trouvent des assassins dans notre patrie ! Que cette pensée est affligeante pour vos enfans ! Que de sérieuses réflexions elle offre aux dépositaires de votre autorité. Sire, les jours de Votre Majesté, ceux des Princes de votre Auguste Famille sont le plus riche patrimoine des Français. Hélas ! puisse le Ciel les aider de ses lumières ! ! ! Nous voudrions tous faire à Votre Majesté un rempart de nos corps, et notre bonheur ne sera parfait que lorsque, par des mesures que ne commandent que trop les circonstances, la vie de notre Roi et celle de nos Princes ne seront plus soumises qu'aux décrets éternels du Dieu qui protége la France.

Suivent les Signatures.

*Moniteur, N°. 84, 24 mars.*

# DÉPARTEMENT DE LA SOMME.

## *Adresse du Tribunal Civil de Montdidier.*

SIRE,

La détestation de l'exécrable attentat commis sur la personne de S. A. R. Mgr. le duc de BERRI, l'amour et l'espoir de la France, de ce forfait, fruit des doctrines perverses, que de séditieux sectaires propagent avec une audace déplorable, s'unit, Sire, dans nos cœurs consternés, à la plus entière soumission, pour l'autorité que Dieu a mise entre les mains de Votre Majesté.

La patrie éplorée, pour qui ce crime affreux renouvelle les plaies et les douleurs causées par les infortunes de votre Auguste Maison, tend vers vous, Sire, des mains suppliantes, et demande à la sagesse de Votre Majesté des mesures qui la préservent pour l'avenir de l'effroi dont elle est oppressée.

Suivent les signatures.

Montdidier, 16 février 1820.
*Moniteur*, *N°.* 84, 24 mars.

---

# DÉPARTEMENT DU HAUT-RHIN.

## *Adresse du Clergé et des habitans de Colmar.*

SIRE,

Un Fils de France a succombé sous le glaive meurtrier d'un monstre.... Un Français, indigne de ce nom, ose déchirer le cœur du meilleur des Rois, du père de son peuple : il fallait au crime une sixième victime de la Famille Royale.... Nous pleurerons le reste de nos jours un Prince que nous avons eu le bonheur de posséder parmi nous, les bontés dont il a daigné nous combler ne s'effaceront jamais de nos cœurs.

Que le Ciel console le Cœur Royal de Votre Majesté très-Chrétienne, *qu'il bénisse le fruit que S. A. R. Madame la Duchesse porte dans son sein*; qu'il protége le fils aîné de son Église et la famille Royale; qu'il éloigne à jamais de vos augustes personnes la malveillance révolutionnaire, qui ne respecte ni les trônes ni les autels; que l'union et la fidélité de tous les Français allégent votre douleur!...

Voilà les vœux que nous déposons à vos pieds.

*Suivent 150 signatures.*

Colmar, le 17 février 1820.

*Moniteur*, n°. 82, 22 mars.

## Adresse de M. le Préfet et des Conseillers de Préfecture du département de la Charente.

SIRE,

La douleur qui accable le cœur paternel de Votre Majesté pénètre aussi tous ses fidèles serviteurs. L'auguste Famille des Bourbons est inséparable du bonheur de la France, et tout bon Français en perdant un de ses Princes, a perdu un père, un bienfaiteur, et la sécurité de son avenir.

Ces sentimens, Sire, sont ceux qui animent vos fidèles serviteurs, le Préfet et les Conseillers de préfecture du département de la Charente.

Ils ont appris avec une horreur qu'ils ne sauraient décrire l'épouvantable forfait qui a enlevé à Votre Majesté un de ses fils, l'espoir de son illustre Maison. Ils donneraient leur vie pour lui rendre celle du Prince, objet de nos éternels regrets; ils la donneraient pour conserver les jours de Votre Majesté, de son Auguste Frère, de son bien-aimé Neveu et de ces Princesses éprouvées par tant d'infortunes....

Ils ont frémi des maux dont cet effroyable attentat menaçait le trône légitime et la patrie éplorée; mais en reconnaissant la nécessité de les prévenir par des mesures énergiques, confians dans la haute sagesse de Votre Majesté, ils attendent d'elle le salut de la France, et la répression d'une faction impie.

Nous sommes, etc.

        ... *Suivent les signatures.*

*Moniteur*, n°. 71, 11 mars.

---

## Adresse du Préfet et des Membres du Conseil de Préfecture de la Charente-Inférieure.

SIRE,

Le Préfet et les membres du Conseil de Préfecture viennent déposer aux pieds de Votre Majesté l'expression de la douleur dont les a pénétrés l'affreux attentat qui a privé la France d'un des soutiens de votre couronne.

Les preuves constantes de la haute sagesse que Votre Majesté ne cesse de donner dans les circonstances les plus critiques, doivent naturellement ajouter à l'amour de tous les Français.

Dans cette triste circonstance, nous offrons à Votre Majesté l'hommage de notre dévouement pour sa personne, pour son Auguste Famille.

*Suivent les signatures.*

*Moniteur*, n°. 71, 11 mars.

---

L'événement le plus remarquable de la vie du Duc de Berri, celui auquel devait se rattacher les plus grandes destinées, fut, sans contredit, son mariage avec la princesse Marie-Caroline-Thérèse, fille aînée du Prince Royal des Deux-Siciles, née le 5 novembre 1798. Ce mariage fut annoncé à la Chambre des Pairs, et à celle des Députés, le 28 mars 1816. Les ministres proposèrent de fixer à un million par an, la somme que cet événement devait faire ajouter à l'apanage du duc de Berri; la Chambre des Députés y ajouta 500,000 francs de plus; mais le Prince prit aussitôt la résolution de consacrer cet excédant au soulagement des départemens qui avaient le plus souffert de la guerre.

Lorsque la grande députation de la Chambre des Députés chargée de complimenter le Roi et le duc de Berri sur cet événement eût rempli sa mission auprès du jeune Prince, elle en reçut cette noble et touchante réponse.

« Je suis bien sensible aux vœux que la Chambre des » Députés fait pour mon bonheur; celui de la France sera

» toujours le plus ardent de mes désirs; j'aurai, je l'espère,
» des enfans, qui, comme moi, trouveront inné dans leur
» cœur l'amour des Français. »

» Je vous vois toujours, Messieurs, les Députés, avec
» un nouveau plaisir; je voudrais pouvoir exprimer à cha-
» cun de vous, en particulier, mes sentimens. »

La jeune Princesse débarqua à Marseille, dans les premiers jours du mois de juin, et, en traversant la France pour
se rendre dans la Capitale, elle fut accueillie partout par
des transports d'allégresse : ces transports éclatèrent de
même à son entrée à Paris, et surtout dans les cérémonies
et les fêtes auxquelles ce mariage donna lieu. Il fut célébré le
17 juin, dans la cathédrale, en présence de toute la Cour et
des autorités de cette ville.

« Le duc de Berri avait tellement contracté le goût de
» la bienfaisance, qu'il dépensait par an plus de 300,000
» francs en aumônes et bonnes œuvres. Il donnait réguliè-
» rement par mois six à sept mille francs pour les pauvres
» de sa paroisse. Ses ennemis, exagérant ses faiblesses, ont
» calomnié ses vertus, et ont de longue main aiguisé le
» poignard sous lequel ils voulaient le faire tomber. »

*Mandement de S. Em. Mgr. le Cardinal Arche-*
*chevêque de Paris, qui ordonne qu'il soit cé-*
*lébré un Service solennel pour le repos de l'Ame*
*de S. A. R. Mgr. le Duc de Berri.*

ALEXANDRE-ANGÉLIQUE DE TALLEYRAND-PÉRIGORD,
Cardinal Prêtre de la sainte-Église Romaine, par la miséricorde divine et la grâce du Siège apostolique, Archevêque
de Paris, Pair et grand-Aumônier de France, Commandeur
de l'Ordre du Saint-Esprit, Primicier du chapitre royal
de Saint-Denis, etc. etc.

Au Clergé et aux fidèles de notre Diocèse, Salut et Bé-
nédiction en NOTRE SEIGNEUR JÉSUS-CHRIST.

N'avions-nous pas assez vécu, NOS TRÈS-CHERS FRÉRES ?
fallait-il que notre carrière se prolongeât assez pour nous
rendre témoins du crime épouvantable qui précipite au
tombeau le dernier rejeton des Bourbons, l'espoir de la
patrie ? Que pouvons-nous vous dire ? Notre vieillesse est
accablée sous le poids de l'affliction ; la parole expire sur
nos lèvres, suffoqués que nous sommes par la douleur. Vous
n'en serez pas surpris, vous qui la partagez. Eh ! qui pour-
roit s'en défendre ? Quel homme n'a pas été saisi d'horreur
au récit d'un tel attentat ? Grand Dieu ! quelle nuit ! quel
lieu ! quel tumulte ! que de cœurs percés par un seul poignard ! et, dans si peu d'instans, que de morts dans une
seule mort ! Une Famille auguste frappée dans *tout ce qu'elle*

*a de désirable* (1); un père, une épouse, un enfant au berceau, une sœur, un frère, enfin le Roi! Le Roi, et devant lui sa race qui s'éteint; la France, et son avenir qui s'évanouit; la Religion, et ses appuis qui s'écroulent; le sang royal ici coulant à grands flots, là glacé dans toutes les veines; l'inconsolable épouse portant dans son sein un gage si frêle encore, et ne sentant plus que le fer homicide qui n'a pu traverser le cœur de son époux sans déchirer le sien. (2) Fut-il jamais sur la terre un spectacle plus lamentable?

Mais jetons un voile sur ce désolant tableau. Qu'est-il besoin de retracer à vos yeux les détails de cette nuit funeste? Vous ne vous lassez point d'en parler; le monde entier les raconte jusque dans leurs moindres circonstances; et l'Histoire en épouvantera les siècles à venir. Pour nous, notre ministère nous impose un devoir plus sévère : c'est de faire sortir de ce lugubre sujet des vérités et des leçons.

Vous êtes consternés, N. T. C. F.: tout atteste votre désespoir. Nous ne vous ferons point cet outrage de ne pas reconnaître combien vous détestez un si noir attentat, et quel immense intervalle vous sépare de la main sacrilége qui l'a commis. Ah ! qui de vous n'eût voulu faire de son corps un rempart à la chère Victime, et mourir pour elle à ses pieds?

Qu'allez-vous donc penser, lorsque moins occupés du crime qui vous révolte, que des causes qui l'ont produit, nous n'en accusons plus que vous?

---

(1) Manum suam misit hostis ad omnia desiderabilia ejus. Thren. 1, 10.

(2) Ferrum pertransiit animam ejus. Ps. civ, 18.

Que si ce langage vous offense, sachez, N. T. C. F.,
que nous ne séparons pas notre confusion de la vôtre. Hélas!
où sont les mains pures, et qui de nous n'a point sa part
à l'avilissement de son Peuple? D'ailleurs, qui nous donne-
ra d'être anathème pour nos frères? Souffrez donc, non
pas l'aigreur, à Dieu ne plaise, mais toute la véhémence
de nos avertissemens paternels.

C'est au Seigneur notre Dieu qu'appartient la justice,
s'écriait un Prophète; à nous, la confusion la plus profonde : *Domino Deo nostro justitia; nobis autem confusio
faciei nostræ* (1). Méditez bien ces deux paroles, N. T. C·
F., et considérez d'abord combien la honte vous est due.

Oüi , toute la honte de l'assassinat qui fait le tourment
de vos pensées; et voici votre erreur : c'est que, dans cette
horrible action, votre œil s'arrête à la main qui l'osa com-
mettre : votre fureur s'exale contre elle, vous la vouez à
toutes les malédictions que vous suggère le délire de la douleur; et vous vous estimez dès-lors à l'abri de tout reproche.
Cependant votre indignation, toute sainte qu'elle est, ne
saurait vous absoudre devant Dieu ( le dirons-nous , et pou-
rez-vous l'entendre ? ) d'une sorte de complicité , qui , pour
être bien involontaire , n'en est pas moins réelle à ses yeux.

Quoi donc? nous ne verrions dans le crime que l'acte du
crime , sans nul égard à ses causes immédiates, auxquelles
il tient nécessairement, quelque artifice qu'on emploie pour
dérober à ses propres regards les liens qui l'y rattachent.

Et qui n'est frappé de cette liaison funeste? Qui ne voit

_______________

(1) Barruch. 1, 15.

la multitude d'élémens d'où sont sortis les forfaits accumulés dont notre siècle est l'époque, et l'affreux parricide qui en est l'opprobre ? L'embarras n'est pas d'assigner ; mais de compter les sources dont la réunion a formé ce torrent dévastateur. De toutes parts l'impiété, la licence, et l'impunité qui les encourage ; plus de foi, plus de pudeur publique ; toute idée de Religion exclue des lois et des leçons de la morale ; les saintes ordonnances de Dieu réléguées dans l'oubli, Dieu lui-même devenu un objet de blasphème et d'outrage ; son culte insulté, ses Ministres abreuvés d'opprobres ; l'impudence renversant toutes les barrières, *l'esprit de rébellion introduit jusque dans les écoles de l'enfance ; une jeunesse hardie osant tout, et ne respectant plus rien ;* partout l'effronterie ajoutée à la dépravation : qu'est-ce que tout cela, sinon les semences du meurtre et les élémens de tous les crimes ?

*Que dire de tant d'images impures offertes à tous les yeux, de tant d'écrits pestilentiels dont un zèle infatigable de méchanceté ne cesse d'inonder la France, portant leurs funestes poisons jusque dans les villages paisibles, dont ils ont banni l'innocence et la fidélité ? Recueils de scandales, où sont professées à découvert toutes les doctrines propres à séduire un peuple ignorant et crédule, telles que l'indépendance de la pensée, l'égalité des hommes, la légitimité de la révolte, la haine des Rois, le mépris des dogmes religieux ; où les peuples sont invités à briser les liens de l'esclavage, c'est-à-dire, de la surbordination établie par Dieu ; à se défaire de leurs tyrans, c'est-à-dire, des supérieurs auxquels Dieu les a soumis ; à tremper, s'il le faut, leurs*

mains dans le sang de leurs *oppresseurs* , c'est-à-dire, à é-
gorger les Rois, augustes représentans de la Divinité ; à
*reconquérir leurs droits*, c'est-à-dire, à se soulever, pour
détruire l'ordre social et ravager la terre. Qu'est-ce que
tout cela ? sinon une provocation directe à tous les genres
de scélératesse, une levée de poignards contre les Souverains et leurs familles ? Et le meurtre que vous abhorrez,
qu'est-il autre chose que l'application directe, et la conséquence immédiate de ces infernales théories ?

Tous ces écrits venimeux sont, direz-vous, la production
d'un petit nombre d'auteurs : mais la multitude les dévore ;
vous les lisez, vous les vantez, vous en exaltez la doctrine ;
vous en adoptez donc les conséquences !.... Vous frissonnez,
et nous n'osons poursuivre.

Artisans de tant de poisons, contemplez votre ouvrage :
c'est maintenant votre heure et le triomphe de vos com-
binaisons ténébreuses. *Hæc est hora vestra, et potestas
tenebrarum* (1). Le sang des Rois a rougi la terre. En vain
protesterez-vous contre l'exécration publique qui vous
poursuit : de toutes les contrées de l'univers s'élève une
voix qui vous nomme, un jugement qui vous flétrit. Oui,
vous l'avez commis, ce meurtre abominable ; vous avez
armé la main parricide ; et ces horribles mots : *Dieu n'est
pas ; j'ai voulu éteindre la race des tyrans*, ont révélé votre
secret, et dévoilé vos trames. Ah ! épargnez à la France de
nouvelles horreurs, à vous des jugemens terribles. Cessez
de conjurer sa perte et la vôtre ; abjurez vos pernicieuses
maximes ; le pardon vous est encore offert.

--------

(1) Luc. XXII, 53.

Et vous, crédules disciples, tristes jouets de la perfidie de vos maîtres, ouvrez les yeux. Jetez loin de vous la coupe de la licence et de l'erreur; et, par un prompt retour aux principes conservateurs de l'ordre, des mœurs, et de la Religion tutrice des États, lavez-vous du reproche accablant, mais inévitable, d'avoir pu vous donner un degré de complicité au plus noir des crimes, par tous les excès d'une dépravation qui en est le principe.

Si la confusion est notre partage, N. T. C. F., la justice appartient au Seigneur. *Domino Deo nostro justitia.* Celui *qui fut de tout temps homicide* (1) a mis le poignard aux mains de l'assassin; il a conduit cette main sacrilége; mais ni la main ni le fer n'eussent trouvé le cœur désigné, si le ciel ne l'avait pas livré. Cette mort a donc encore un autre principe, invisible et surhumain.

Dieu irrité voulait une victime; il l'a marquée, elle est tombée. Ce qui est écrit de l'Agneau du Calvaire, nous pouvons, sans manquer de respect à Jésus-Christ notre Sauveur, l'appliquer avec une juste réserve au Prince que nous n'avons plus. *Il a été frappé à cause de nos iniquités; il a été brisé pour le châtiment de nos crimes* (2). Oracle profond et terrible! il est frappé; mais pourquoi? parce que notre mesure étoit à son comble : *propter scelus populi mei.* Il est blessé; mais par qui? par celui-là même qui l'avoit tiré du néant : *percussi eum* (3). L'argile a été brisée

---

(1) Joan. viii, 44.

(2) Is. liii, 5.

(3) *Ibid.*, 8.

par la main qui s'était plue à l'orner ; car le Seigneur est celui par qui tout arrive. Demandez au Prophète s'il est dans la cité un seul événement fâcheux qui ne soit son onvrage. *Si erit malum in civitate, quod Dominus non fecerit* (1)?

Écoutons un autre interprète de la Divinité. Vous demandez, dit Jérémie, pourquoi votre terre est frappée de désolation, de stupeur et de malédiction, *commé ce jour en offre l'exemple* : apprenez-le : C'est que le Seigneur était à bout : *non poterat Dominus ultrà portare* (2). Il ne pouvait plus supporter votre malice, et vos attentats, et toutes vos abominations (3).

Ainsi, dans cette mort si lamentable, et devenue si belle, la part de l'homme est un abominable forfait ; celle de notre Dieu est un dessein adorable et doublement mystérieux. Il cache d'abord un mystère de justice rigoureuse, puisqu'une telle calamité ne peut être qu'une vengeance éclatante et la punition de nos crimes : mais de plus, et c'est ici que tout change et prend un aspect tout céleste ; mystère de grâce, de prédestination, de salut en faveur de la Victime.

Que nos larmes n'expriment plus que l'attendrissement d'une sainte allégresse ; que nos plaintes se changent en cantiques : écartons le voile que nous avions voulu jeter

---

(1) Amos. III, 6.

(1) Jerem. XLIV, 22.

(3) Non poterat Dominus ultrà portare, propter malitiam studiorum vesrorum, et propter abominationes quas fecistis ; et facta est terra vestra in stuporem, et in maledictum,..... sicut est dies hæc. *Ibid.*

sur une plaie saignante et sur un corps inanimé. Ce n'est plus une vue insupportable à la douleur; c'est un objet de contemplation, de consolation, de joie. La dépouille d'un Prince, qui n'a quitté cette vie de si peu de durée, que pour l'échanger contre l'immortalité des Saints , ne nous inspire plus que des actions de grâces. Nous ne cessons de confesser que le Seigneur est bon, que ses miséricordes sont ineffables. Un enfant des Rois , enivré peut-être de ces faux , mais séduisans plaisirs, qui naissent en foule sous les pas des *dieux de la terre* (1); un Prince environné d'écueils , et qui se serait vu dans un continuel danger de perdre son âme , s'il eût habité plus long-temps parmi *ceux qui vivent dans les délices* (2); ce Prince est subitement arrêté dans sa course brillante; Dieu le voulant ainsi par une secrète miséricorde , de peur que la séduction de l'erreur ne parvînt à corrompre son esprit; celle des passions, à dénaturer son cœur (3), et qu'il ne pérît. Au moment, et dans un lieu où son imagination n'était remplie que de pensées agréables, il est atteint du coup mortel. Au même instant un rayon de la grâce l'éclaire ; tous les sentimens du Chrétien se réveillent. Il voit la mort, il s'y résigne; et par cette mort, si religieusement acceptée , si héroïquement pardonnée , si miraculeusement suspendue pendant quelques heures, il remplit toute justice et retrouve son Dieu. Lui-même appelle avec instance le ministre

---

(1) Ps. LXXXI.

(2) Job XXVIII, 13.

(3) Sap. IV, 11.

et les secours de la Religion ; il expie par les plus vifs regrets, des fautes dont il fait l'humble et public aveu. Enfin il sort de la vie par la porte du martyre (devenue pour les Bourbons une porte de famille); il meurt visiblement marqué du sceau des élus.

Miséricordes du Seigneur, profondeurs de sa providence, comment ne pas vous reconnaître? Ah! que les murs de nos Temples soient revêtus de deuil; que leurs voûtes retentissent de chants lugubres; ces tristes honneurs sont tout ce que peuvent les hommes pour une dépouille mortelle; mais Dieu réservait à l'âme de notre généreux Prince une toute autre gloire. La cité des Saints sera sa demeure. Il y bénira le Seigneur; et ce qui nous aura coûté tant de larmes sera l'immortel objet de sa joie. Il n'aura point ravi le royaume des cieux sans une extrême violence; mais il en a fait la conquête : croyons-en des signes qui n'ont jamais trompé. Le péché seul pouvait l'en exclure; et le péché n'est plus, dès qu'il est pleuré. Les six heures mémorables, où, suivant les touchantes expressions du Roi, *la Providence divine a permis qu'il se survécût à lui-même pour appeler les secours de la Religion, et développer les vertus et la magnanimité qui auraient embelli une longue vie*, ont en effet été pour ce Prince favorisé une longue carrière d'expiations et de mérites.

Cependant, comme il est un intervalle possible entre la mort la plus chrétienne et la possession de la gloire, nos ferventes prières ne vous seront pas refusées, ô Prince, objet de nos tendres regrets. La piété du Roi les commande, l'impatience publique les réclame, la France entière s'y porte avec empressement. Nous remplirons envers vous le pieux office d'intercesseurs, si déjà vous n'êtes le nôtre. Vous le serez toujours, car nos intérêts vous sont chers. Nous croyons entendre sortir de votre tombeau ce cri plaintif et généreux, dernier effort de votre bouche expirante. *France !* *malheureuse France !* Les cœurs français semblaient répondre à ce soupir affectueux, au jour où le corps de notre bon Prince fut transporté à la basilique des royales sépultures, au milieu d'une foule silencieuse et recueillie. On n'a pu voir sans un saisissement de respect ce cortége imposant, où les premiers corps de l'État, et les corporations populaires, par un mélange attendrissant, marchaient ensemble, rivalisant de douleur et de décence. Non, les funérailles des plus puissans de nos Rois ne furent point honorées à ce degré ; et rien d'aussi majestueux n'avait paru, depuis le jour célèbre où le fils de saint Louis, un Roi de France, parcourut le même espace, portant sur ses épaules les saints ossemens de son père. O piété filiale ! vous aviez fait de ce chemin une véritable *voie sacrée.* L'hommage rendu au dernier fils de France en a rappelé le souvenir ; il a renouvelé une si belle consécration.

Depuis ce jour jusqu'à celui des funérailles, un immense concours n'a cessé d'apporter au pied du cercueil un tribut touchant de larmes volontaires : *témoignage non suspect de cette vérité si connue, que la piété et la fidélité sont le fond du caractère de la nation, et que, laissée à elle-même, elle y revient par une pente naturelle.*

*N'en avons-nous pas d'illustres preuves dans cette multitude de déclarations énergiques successivement déposées* au pied du Trône, et qui sont la fidèle expression des sentimens du Peuple français ? Précieux monumens ! ils seront consignés dans les fastes de notre histoire, et la Religion les conservera dans ses fidèles annales. Tous en effet lui rendent un solennel hommage, tous rejettent sur les doctrines irréligieuses la mort de notre Bourbon et tous les maux de notre France.

Ces maux ne seraient pas sans remède, quand bien même il ne resterait parmi nous qu'une étincelle de foi. Mais n'est-ce qu'une étincelle, ce feu qui, s'élevant en même temps de tous les points du Royaume, ressemble bien plutôt à un embrasement ? Non, la France est prodigieusement coupable, mais la France est toujours chrétienne. Son attachement aux croyances antiques n'était qu'assoupi ; la mort de notre excellent Prince le réveille et le met en évidence. Cette mort, en apparence si fatale à la Monarchie et à la Religion, sera, au grand désespoir de ceux qui l'auraient conjurée, le salut de l'une et de l'autre. C'est l'ouvrage du Seigneur, il est admirable à nos yeux. *A Domino factum est istud, et est mirabile in oculis nostris* (1).

Puisse une telle réunion de protestations éclatantes donner au Roi la douce conviction que son peuple est encore digne d'un Roi Très-Chrétien ; que les doctrines impies et séditieuses sont étrangères au véritable esprit de la nation ; et qu'il est encore temps d'en arrêter les effets, par une répression vigoureuse ! Tel est le vœu de tout ce que la patrie renferme d'âmes nobles et de cœurs pleins de loyauté, qui ne séparent point leur bonheur du bonheur du Monarque,

-------------------------------------------------------------

(1) Ps. CXVII, 23.

de la gloire de sa race, et de la stabilité de son trône. Dieu de nos pères, veillez sur les Bourbons! Nous ne pouvons nous empêcher de reconnaître les traits de vos miséricordes sur eux, jusque dans leurs infortunes. Veillez sur cette tige antique et tutélaire : et si vous avez souffert qu'elle fût coupée si près de sa racine, ne permettez pas du moins qu'elle soit arrachée tout-à-fait de la terre des vivans! Elle y tient encore par une fibre, hélas! imperceptible, mais qu'il vous est facile de fortifier au-delà de toute espérance.

Écoutez nos prières pour la Princesse malheureuse, dont l'âme semble s'agrandir par ses malheurs; vraie fille de cette Religion dont *les consolations peuvent seules adoucir l'amertume des regrets* (1), elle s'est jetée dans ses bras. Bénissez-la. Bénissez avec elle le précieux dépôt qu'elle porte en son sein, foible et dernier espoir qui nous reste! Vous pouvez en faire sortir une suite de Rois glorieux. Opérez ce prodige en faveur de la postérité de saint Louis, en faveur du Prince magnanime dont vous avez fait, dans l'espace de quelques heures, un serviteur aussi digne de récompense, que s'il vous eût servi dès le premier pas de sa carrière. Grâces immortelles vous soient rendues, ô vous, qui faites, quand il vous plaît et dans un clin-d'œil, d'un enfant égaré, le fils le plus tendre et l'objet de vos complaisances éternelles.

A ces causes, et pour nous conformer aux pieuses intentions de Sa Majesté, après en avoir conféré avec nos

---

( ) Lettre du Roi.

Vénérables Frères les Chanoines et chapitre de notre Métropole, nous avons ordonné et ordonnons ce qui suit :

1°. Le mercredi 22 mars, jour fixé par la Lettre du Roi, il sera célébré dans notre Église métropolitaine, un Service solennel pour le repos de l'ame de très-haut, trés-puissant, et très-excellent prince Monseigneur, CHARLES-FERDINAND D'ARTOIS, DUC DE BERRY, fils de France.

Ce Service sera précédé des Laudes de l'Office des Morts.

2°. Le lendemain 23, un Service sera célébré à la même intention dans toutes les Églises du Diocèse, dans les Séminaires, Communautés religieuses, etc.

3°. Il ne sera fait aucun Discours ni Oraison funèbre.

4°. Tous les Prêtres diront à la Messe l'Oraison *in die Obitûs*.

5°. Nous invitons les Communautés religieuses et les Fidèles à faire une ou plusieurs communions à l'intention ci-dessus énoncée.

6°. Le présent Mandement et la Lettre du Roi seront lus au Prône des Églises paroissiales, dans les Séminaires, dans les Communautés, dans les Collèges, les Pensionnats et les Hospices, affichés dans les Églises, et partout où besoin sera.

Donné à Paris, en notre Palais Archiépiscopal, sous notre seing, le sceau de nos armes, et le contre-seing de notre Secrétaire, le 15 mars 1820.

✝ ALEX. ANG. Cardinal DE PÉRIGORD,
*Archevêque de Paris.*

Par Mandement de Son Éminence.

ACHARD, *Chanoine Secrétaire.*

# Lettre du Roi à M. le Cardinal Archevêque de Paris.

MON COUSIN, l'horrible attentat dont notre bien-aimé neveu, le DUC DE BERRY, a été victime, a profondément déchiré mon cœur. Les consolations de la Religion peuvent seules adoucir l'amertume de nos regrets. C'est avec un profond sentiment de confiance que nous invoquons cette Providence divine qui a permis que le Prince, que le fils que nous pleurons, se survécût en quelque sorte à lui-même pour recevoir les secours de la Religion, et développer en peu d'heures les vertus et la magnanimité qui auraient embelli une longue vie.

La France entière a partagé notre douleur; chaque famille a ressenti, comme une blessure faite à elle-même, le coup qui a frappé notre Famille Royale. C'est pourquoi nous croyons aller au-devant de ses vœux, en appelant nos peuples à s'unir à nos prières, comme il partagent notre affliction..

A CES CAUSES, notre intention est qu'il soit célébré un Service solennel dans toutes les Églises du Royaume, le .... de ce mois. Nous voulons qu'il ne soit prononcé aucun Discours ni Oraison funèbre.

La présente n'étant à autre fin, nous prions Dieu, mon Cousin, qu'il vous ait en sa sainte et digne garde.

Au château des Tuileries, le treize mars mil huit cent vingt.

*Signé*, LOUIS.

Par le ROI,

Le Ministre-Secrétaire d'État au département de l'Intérieur,

*Signé* SIMÉON

*Au dos est écrit :* A mon Cousin M. le Cardinal DE TALLEYRAND-PÉRIGORD, Archevêque de Paris.

*Extrait du Journal des Débats, du vendredi 17 mai 1820.*

## SOUSCRIPTION POUR LE MONUMENT
### En l'honneur de Mgr. le Duc de Berri.

La nouvelle de l'attentat du 13 février a répandu en France un deuil universel. Des adresses nombreuses ont porté au pied du trône l'affliction de tous les Français, et, dans la commune douleur, on eût voulu qu'un monument funèbre eût pu s'élever tout-à-coup, au sein des villes, pour perpétuer l'image du Prince qu'on pleurait, le souvenir de ses vertus, les regrets déchirans qu'on donnait à sa mémoire.

Plus rapprochés du Monarque, les magistrats de la ville de Paris ont exprimé les premiers ce vœu que formait la France, au milieu de la désolation publique.

« Sire, ont-ils dit à S. M., qu'un monument soit érigé » dans cette capitale en l'honneur de votre fils bien-aimé, « et qu'élevé par le tribut volontaire de vos fidèles sujets, « il devienne, pour toute votre Auguste Race, un nouveau « gage de dévouement et d'amour. Les magistrats de Paris « seraient heureux, Sire, que V. M. daignât les autoriser » à se mettre au premier rang des souscripteurs, et les « charger de pourvoir à l'exécution. »

Cette prière a été accueillie ; le Roi a approuvé l'idée d'un monument qui plaît à sa douleur paternelle, et qui doit consacrer les vœux et l'attachement de son peuple.

Les souscriptions sont ouvertes à Paris dans les douze

Mairies, à l'Hôtel-de-Ville, comme mairie centrale, et chez les 114 notaires de la Capitale. Elles sont également ouvertes dans les mairies et chez les notaires des villes et communes du royaume.

Les fonds sont déposés tous les mois, par les maires et notaires de Paris, dans la caisse de M. Chapellier, notaire et adjoint, trésorier gratuit du Monument, rue de la Tixeranderie, n°. 13, près de l'Hôtel-de-Ville.

Les fonds reçus dans les départemens sont envoyés de même, tous les mois, au trésorier, par les soins des receveurs-généraux. Les cours, les tribunaux, les administrations, les compagnies, les corps militaires, les corporations et associations quelconques, peuvent envoyer collectivement leurs dons. Chaque liste nominative des souscripteurs doit être faite en double, autant que possible, et exactement envoyée au trésorier.

Une commission, prise parmi les maires et adjoints de la ville de Paris, est chargée de tout ce qui se rapporte à l'érection du monument. Elle dirige la correspondance, règle l'emploi des fonds, et ordonne les dépenses. Cette commission est ainsi composée :

MM. le comte de Chabrol, conseiller-d'État, préfet de la Seine, président; Lecordier, maire du 1er arondissement; Lebrun, maire du 4e; le baron de la Bonardière, maire du 11e; Petit, adjoint du 4e; de la Borne, adjoint du 10e; Chapellier, notaire, adjoint du 6e, trésorier; Defresne, secrétaire.

Elle s'occupe en ce moment de déterminer l'emplacement, la forme, et la matière du monument à ériger; c'est elle qui en approuvera le plan, d'après l'avis des artistes les plus célèbres, et qui désignera ceux des artistes à qui l'exécution devra être confiée.

La correspondance de Paris et des départemens est adressée à M. le comte de Chabrol, conseiller-d'État, préfet de la Seine, président de la Commission. Les noms des souscripteurs sont successivement insérés dans les journaux. Les mesures prises par la commission sont aussi rendues publiques.

Le premier don est celui des préfets, maires et adjoints de Paris. Il est de douze mille francs.

---

*Extrait du Journal des Débats, Vendredi 5 Mai.*

On lira avec plaisir le discours énergique et court prononcé hier par M. le président Desèze. Qu'elle sied bien, l'éloquence de la fidélité, dans la bouche de celui qui en a porté le courage jusqu'à l'héroïsme, jusqu'à braver le martyre !

« Sire,

» La France avait besoin que le retour d'une époque aussi mémorable pour la Monarchie vint adoucir pour elle la pensée de ces derniers malheurs qui l'ont accablée et qui lui sont toujours si présens.

» Dans ces malheurs, Sire, la Nation, forte de ses souvenirs et de ses espérances, et redoublant encore de fidélité pour le trône et d'amour pour son Roi, s'est précipitée tout entière aux pieds de Votre Majesté , et vous a imploré à grands cris comme son sauveur.

» Aujourd'hui, Sire , cet anniversaire de gloire et de bonheur que le cercle mobile du temps ramène avec lui, fàit renaître en elle tous ses premiers transports de joie et de reconnaissance.

» Elle se sent ranimée , elle ose se livrer aux plus favorables présages.

» Votre Majesté lui a promis de *fermer l'abîme des révolutions*, elle y compte.

» Vous triompherez, Sire, et qui le peut mieux que vous, de ces factions ennemies insensées de la Religion, de la Légitimité, de la Monarchie , et qui n'ont de force que celle qu'on voudrait leur croire, vous en triompherez ; et , grâce aux efforts de votre cœur paternel dont la bonté accroîtra encore le courage, la France restera libre, pacifiée, soumise à ses Rois, et heureuse. »

S. M. a répondu :

« Je reçois avec une véritable satisfaction l'expression » des sentimens que me témoigne ma Cour de Cassation : les » heureux présages que vous tirez de ce jour, j'espère que » je les réaliserai. »

Paroles dignes du petit-fils de Louis XIV et du frère de Louis XVI! Paroles qui reçoivent une nouvelle force de tous les souvenirs attachés à celui à qui elles sont adressées.

———————

*Extrait du Journal des Débats, 4 mai 1820.*

Paris 3 mai,

M. Ravez, président de la Chambre des Députés, a adressé au Roi le discours suivant, à l'occasion de l'anniver-versaire de sa rentrée à Paris :

« Sire, vos loyaux sujets, les Députés des départemens, viennent offrir à Votre Majesté le respectueux hommage de leurs sentimens et de leurs félicitations. Le jour qui ramena le fils de Henri IV dans la capitale de son royaume, est devenu pour la France un gage de salut et de bonheur. Nous apprendrons à nos enfans comment on en célèbre la fête, et les acclamations de reconnaissance et d'amour d'un peuple fidèle rediront à l'Europe que le cœur des Français est le premier rempart du trône de Votre Majesté. »

Sa Majesté a répondu :

« Je reçois avec plaisir l'expression des sentimens de
» la Chambre des Députés, et ses félicitations. Les hommes
» passent, les événemens restent ; et j'espère que le souvenir
» de cette journée sera toujours gravé dans le cœur de
» tous les Français. »

A 7 heures, Sa Majesté s'est rendue dans la salle des Gardes, occupée aujourd'hui par la Garde nationale, à laquelle elle daigna adresser les paroles suivantes.

« Je viens vous voir : si mes jambes me l'eussent permis,

» je serais allé vous faire une visite chez vous ; mais le ciel
» ne l'a pas voulu.... Adieu, mes bons amis. »

Ces expressions touchantes firent la plus vive impression
dans l'esprit de ceux qui étaient présents : elles éternise-
ront dans l'âme des Français le noble élan manifesté dans
leurs adresses.

**L'abbé C. F. M.**

Auteur de la Notation Pasigraphique, Démonstrateur
de la Pasigraphie et de la Sténographie simplifiées,
Professeur et Traducteur des Langues française,
latine, étrangères, et surtout allemande, démon-
trées d'après le mode comparatif du Cours normal
de M. Blondin, pour en faciliter l'étude.